レベルアップ授業力

国語/理科・生活/算数

「アクティブ・ラーニング」のための

表現力育成 10のポイント 中学年編

白石範孝 国語
佐々木昭弘 理科・生活
夏坂哲志 算数

学校図書

　「資質」とは生まれつきの性質や才能のことであり、「能力」とは物事をなし得る力のことです。その意味から、「資質・能力」という言葉が教育界に登場した当時、生まれながらにして有能であるはずの子ども一人一人の資質（よさ）を引き出し、能力（思考力・表現力・判断力等）を育成することが授業に求められました。

　しかし、言葉の定義は時代の流れとともに変化していきます。今回の学習指導要領の改訂に当たっては、「資質・能力」を3つの要素に分け、以下の「三つの柱」として整理されました。

☆**何を理解しているか、何ができるか。**　　　　　　〔個別の知識・技能〕
☆**理解していること、できることをどう使うか。**〔思考力・表現力・判断力等〕
☆**どのように社会・世界と関わり、よりよい人生を送るか。**
　　　　　　　　　　　　　　　　　　　　　　　〔学びに向かう力、人間性等〕

　これら3つの柱は、並列の関係にはありません。「個別の知識・技能」を習得するまでの過程、あるいは、習得した知識・技能を発揮する過程で培われるのが「思考力・表現力・判断力」であり、その結果としてもたらされるのが「学びに向かう力、人間性」でしょう。また、「思考力・判断力」は、表現活動を経てこそ鍛えられるものです。つまり「資質・能力」で最も中核となる力が、「表現力」と捉えることができるのです。

　前回は、低学年の表現力をいかに育成するか、「アクティブ・ラーニング」の視点から、国語・生活科・算数における具体例を紹介しました。今回は、「資質・能力」育成の視点から、中学年の国語・理科・算数の表現力育成のための具体的な指導に迫ってみました。是非、3教科を比較しながらお読みいただき、授業づくりの参考にしていただければと思います。

平成 29 年 7 月

明星大学　　筑波大学附属小学校
白石範孝　佐々木昭弘　夏坂哲志

目次

第 Ⅰ 章

中学年の表現力を育む授業
国語科

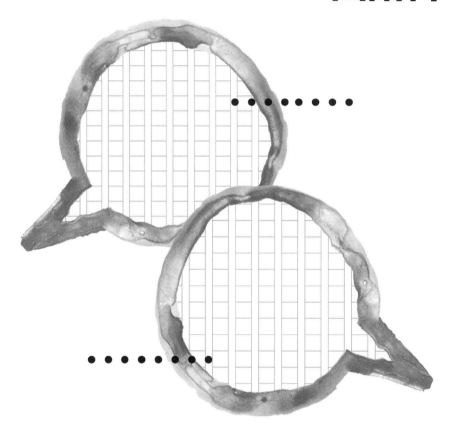

白石範孝

① 表現力 と「考える国語」

1. 表現力育成の現状

　「表現力の育成」というスローガンのもとで行われる活動は、「書く活動」「音読」「話すこと・聞くこと」の指導が主である。そして、これらの活動では、一般的に「話し合い」や「文章を書くこと」「音読・朗読」等の活動が行われることが多い。さらに、これらの活動では次のような内容の活動が行われている。

（1）「話し合い活動」では？

　「話し合い活動」では、話し合いの場を設定してグループ、全体の話し合いといった話し合いの形態が重視されている。その流れは、話題に対してそれぞれ個人で自分の考えを持たせ、その後さまざまな形態で話し合いをし、全体での話し合いをすることが一般的である。そして、この時の話し合いでは、子どもたちがそれぞれの思いを発表して終わりになってしまい、次のようなことが問題としてあげられる。

◆発表だけで終わっている

　それぞれの思いを発表し合うだけで、話し手は自分の考えを発表するだけ、聞き手はそれを聞くだけになってしまい、両者が話し合いによって関わり合うことがない。よって、話題に対して何を求めているのかが明確にされないで終わってしまう。

◆形態、形式に重きが置かれる

　話題に対して、どのような話し合いをさせるかという形態や司会を立てて学級会的な話し合いがなされている。

　話し合いの目的は、話題に対してそれぞれの考えを深めていくことである。形式にとらわれず、自由にそれぞれの考えを交流させるかを重視させたいものである。

◆発表内容がイメージと感覚からの内容

　話し合いにおいては、話題に対して一人一人が考えを持つことが重要であり、話し合うもの・内容をしっかりと持たせることが大切である。単なる「思いを話し合ってみましょう。」という投げかけだけでは、内容の深まりは見られない。要するに何について考えるのか、考える内容を焦点化してそれぞれの考えを持たせることが大切である。そうすることで話し合いの目的も明確になり、話し合いのゴールもはっきりしてくるのである。

（２）「書く活動」では？

　「文章を書くこと」の活動では、作文を書くことや感想文を書くこと、登場人物にお手紙を書くこと、説明文の言語活動として「・・・ブックを作ろう」等の活動が、一般的な書く活動と考えられている。そして「・・・について書いてみましょう。」と投げかけて原稿用紙を配って書かせることが多い。さらに、「・・・枚以上書きましょう。」と枚数を指定してしまう。

　このような書く活動では次のようなことが問題としてあげられる。

◆書くことが漠然としている

　「・・・について書きましょう。」だけでは、子どもたちは何をどのように書くかが明確にされていないので、なかなか書くことができない。

　ここでは、書く目的を明確にして書く方法を具体的に示すことが必要である。書く活動においては、「書く目的」「書く方法」「書く内容」を子どもたちに十分指導して、明確に持たせることを最も大切にしていきたいものである。さらに、これらを明確にさせることは、子どもたちの作品の評価の観点までもはっきりとさせて指導の成果をあげることにもつながる。

◆限定された書く活動

　書く活動の一般的な活動は前述の様な活動が多いが、中でも「作文を書く」ことに重点が置かれることが多い。

　確かにこれらの書く活動も重要であるが、書く活動をもっと広い意味で考

えていく必要があると思う。説明文の読みの学習との関連、文学作品の読解の中で、詩の読みの中で・・・というように、いつもの国語の学習との関連での活動にしていく必要があるのではないだろうか。書く活動をもっともっと広くとらえ、さまざまな書く活動をさせることが重要ではないだろうか。

（３）「音読や暗唱、視写」の活動では？

　短歌、俳句や詩、そして伝統的言語文化の内容である民話、古文、漢詩等の授業においては、作品を音読したり暗唱したり、視写したり・・・という活動が行われることが多い。その多くの指導は、音読したり暗唱したりすることで学習が終わってしまう。

　また、書く活動との関連で形だけをまねた「創作活動」が行われ、何をどのように表現すればいいのかがはっきりしないまま単にまねして、あるいは創造したことを書くだけの活動になっている。

　このような活動も「表現」活動の一つであるが、全ての作品が音読だけで終わってしまっていいのだろうか。また、まねて書くだけの活動でいいのだろうか、疑問が残ってしまう。これらの活動の問題点として次のようなことが考えられる。

◆音読や暗唱、視写だけの活動

　音読や暗唱、そして視写の活動は詩の作品で主に行われることが多いが、詩の学習は全ての作品が視写や音読だけで味わえるものではない。

　音読を中心とした作品、視写を中心とした作品、内容を読み味わう作品・・・とそれぞれにその作品の特徴がある。その作品の特徴を生かした学習を求めていきたいものである。それぞれの作品の特徴を生かした学習活動をしていくことが大切ではないだろうか。

◆形をまねた創作活動

　「視写」や「創作活動」では、主に「続きを書いてみよう」「まねて書いてみよう」等の活動の指示だけで行われることが多い。そこには、どんなこと

を表現させたいのか、どのように表現させたいのか、という表現の目的が明確にされていないことが多い。

　それぞれの作品には、それぞれに作品の特徴がある。その特徴を生かした創作活動をしていく必要を感じる。例えば、作品に使われている表現技法を活用して表現活動に向かわせていくことを求めていきたいものである。

　以上の様な問題点から考えると、「話し合い活動」「書く活動」「音読や暗唱、視写」という表現活動では、単に「書く」「聞く・話す」といった活動だけが目的となっている。また、活動が「書く」「話す」という活動をすることだけで終わっている。

　これからの表現活動においては、学習の中での子どもたちの問いを重視し、どのように考えているかという思考過程を表現する活動をしていく必要がある。そして単発的、形式的な表現活動ではなく、読みの学習との関連を図った実の場での表現活動を行っていくことが重要となる。

　そのためには、子どもたちの「思考過程」を重視した授業「考える国語」の授業づくりと、子どもたちの「問い」をスタートとして、その解決を目指していく「問題解決学習」を基盤とした授業づくりを目指していきたい。その学習の過程で表現活動を行っていくことが、子どもたちの生きて働く表現力の育成につながると考えている。

　以降、「考える国語」の授業づくりと「問題解決学習」の内容について述べていきたい。

2．「考える国語」とは？

　子どもたちの思考活動から表現活動を行うためには、読みの学習との関連を持たせた表現活動を目指していく必要がある。そのためには、読みの学習

を子どもが論理的に思考する「考える国語」の授業との関連を図っていくことが重要である。

「考える国語」の授業づくりを次のように考えている。

（１）「考える国語」のために・・・

文学作品や説明文の授業には、作品をいくつかの場面に分け、始めの場面から順番に登場人物の気持ちをイメージと感覚で読んでいくという指導。また、段落分けに始まり、順を追ってその内容を確認・なぞるという指導が多く見られる。

このような限定された一部分の場面や狭い範囲の内容だけを「イメージや感覚」だけで読み、「確認・なぞる」という一問一答の授業には、論理的に「考える」という子どもの思考活動の姿は見られない。

ここに、子どもたちが作品全体の構成、場面や段落のつながりを踏まえた内容（作品を丸ごととらえた読み）を土台として、作品や文章を論理的に「考える」姿を求めていきたい。そのために、国語の基礎・基本の習得・活用を基盤とした「思考力・判断力・表現力」を活用し、論理的に思考する「考える国語」の授業づくりを目指したい。

「考える国語」の授業づくりにおいては、「用語」「方法」「原理・原則」を基礎・基本ととらえる。そして、この力を糧として論理的に「考える」思考活動をする次のような子どもの姿を求める。

・「用語」を習得し「考える」姿

・「教材の論理」（教材の持つ特徴や仕組み）を「考える」姿

・教材の論理から「問い」を持たせ、その解決を「考える」姿

さらに、論理的に「考える」国語授業づくりでは、「教材の論理」を見いだす教材分析と「教材の論理」を生かした次のような授業づくりが求められる。

・「教材の論理」を如何に見つけるか？

・「教材の論理」からどのような「問い」を持たせ、如何にその解決を図るか？

・「教材の論理」をどのような表現活動に拓くか？

　よって、授業開きにおいては、教材分析から教材の「論理」を見いだし、その論理を「考える」という思考活動の糧として論理的に「考える」国語授業を目指すことが重要となる。

（2）「考える国語」の資質・能力

　資質・能力の育成が求められる今、「考える国語」は、基礎・基本としての「知識・技能」を習得・活用することを資質・能力ととらえている。そして、この能力を活用して論理的に「考える」思考活動を目指している。その基礎・基本としての「知識・技能」を次の三つの力としてとらえている。

> ① 「用語」を習得し活用する力
> ② 「方法」を習得し活用する力
> ③ 「原理・原則」を習得し活用する力

　国語の授業でもこれらの基礎・基本を身につけなければならないと考えている。

　文学には文学の用語が、説明文には説明文の用語がある。「用語」を身につけることで、子どもたちは、その用語を活用して思考し、読み、表現できるようになる。

　「方法」もきちんと指導されているとは言いがたい。例えば、説明文の学習で「要点をまとめなさい」と指示しても、まとめる方法は指導しない。先生が答えを出して終わってしまう。自分たちで考え、解決できる方法を与えれば、子どもは自立した読み手に育っていく。

　そして、もう一つの「原理・原則」とは、簡単に言えば仕組み・きまりである。例えば、物語の構造や説明文の構成など、原理・原則がわかれば、子どもたちはそれを使って論理的に考えることができる。暗記中心になる漢字指導も、書き順のきまりなどの原理・原則から教えるべきである。

　これらの基礎・基本が土台になれば、子どもたちは何がどのように書かれているかを自分で考え、イメージや感覚ではなく論理で読み進むことができるようになる。

　2016年8月に中央教育審議会が公表した「次期学習指導要領に向けた審議のまとめ」は、これからの時代に必要な三つの資質・能力をあげている。

　①生きて働く「知識・技能」

　②未知の状況にも対応できる「思考力・判断力・表現力」

　③学んだことを人生や社会に生かそうとする「学びに向かう力・人間性」の三つだ。

　基礎・基本としての「用語」「方法」「原理・原則」を基盤とした論理的に「考える国語」の授業は、三つの資質・能力を育むための、重要なかぎになると考えている。

（3）「考える国語」の思考活動

　論理的に「考える」思考活動のためには、どのように考えるかという「考える技」が必要となる。「考える国語」は、基礎・基本としての知識・技能を糧とした次のような「考える技」を活用した、論理的に「考える」思考活動を目指している。

> ①順序（まず、次に、最後に・・・）
>
> ②順位（一番目は、二番目は、なぜなら・・・）
>
> ③相違点（同じ所は、違うところは、なぜなら・・・）
>
> ④比較（～は、△より・・・、～は△に比べると・・・）

⑤分類（似ているものは、仲間に分けると・・・）

⑥関係（□と△の関係は・・・、□が〜すると△が〜に変わる。）

⑦共通点・帰納的（□と△の共通なことは・・・

　　　　　　　　　　　　□と△からわかることは・・・）

⑧あてはめ・演繹的（このきまりにあてはめると・・・）

⑨きまり（◆のきまりがありそうです。なぜなら・・・）

⑩因果関係（☆になった原因を考えると・・・）

⑪条件（☆になるための条件をいくつか考えると・・・）

⑫理由と予想（たぶん◆になります。なぜなら・・・

　　　　　　　もし、□であるならば△になります。　）

⑬視点（□から考えると〜ですが、△から考えると・・・）

⑭具体と抽象（簡単に言うと、わかりやすく言うと・・・）

⑮類推（〜から考えると

　　　　　□になることも考えられるのでは？）

　「考える国語」では、「原理・原則」を活用し、様々な読みの「方法」を使った「考える」という思考活動によって自分の読みを作る。そして、その思考内容を「用語」を活用して表現するという一連の思考過程の中で、この「考える技」を活用して思考する姿としている。この「思考の技」も資質・能力を育てていくためには重要なこととなるが、さらにこれから精選していく必要があると考えている。

（4）「考える国語」の授業づくり

　「考える国語」の授業づくりにおいては、作品や文章を論理的に読む力を育てる授業で次のようなことを重要な観点としている。

①作品や文章を丸ごととらえ、全体から細部を読む。

　作品や文章を大きく三つに分けて読むことで因果関係や文章の構成をつか

み、筆者の意図を読むことができるようにする。その思考が子どもたち一人一人のノートに表現できるような「ノート指導」を大切にする。

②子ども全員が、作品や文章を簡単に構造化して読む。

　文学的文章の場合、「中心人物はどんな人か」～「どんな出来事があったか」～「どうなったか」をとらえる。説明的文章の場合、「どんなことについて書こうとしているか」～「どんな事例をあげているか」～「どんなことをまとめとしているか」というような、作品や文章の全体構造を大まかにとらえることができるようにする。その具体的な指導として「３段階の読み」の指導や「表に整理・活用」する方法を大切にしている。

③子どもが読みの方法となる観点を習得し活用して読む。

　作品や文章の全体のつながりをとらえた読みを成立させるためには、何を読まなければならないかを明確にする必要がある。それが、国語の基礎・基本となる10の観点である。

◆文学作品を読むための 10 の観点

①設定（時・場所・季節・時代等）
②人物（登場人物・中心人物・
　　対人物・語り手）
③出来事・事件
④中心人物の変容
⑤三部構成
⑥因果関係
⑦お話の図・人物関係図
⑧くり返し
⑨中心人物のこだわり
⑩一文で書く（～が～によって
　　～する・になる話）

◆説明文を読むための 10 の観点

①題名・題材・話題
②段落（形式段落・意味段落・
　　形式段落の主語）
③要点
④事例（具体と抽象）
⑤問いと答え
⑥文章構成図
⑦三部構成
⑧要約
⑨くり返し
⑩比較しているもの・こと

◆詩をよむための５の観点

①題名（問いの文に・・・）　　④語り手

②リズム（五・七調　七・五調）　⑤技法と効果

③中心語・文・くり返し

　この読みの観点は、その教材だけでなく、他の教材にも生きる「他へ転移できる力」となるものである。

　これからの国語教育においては、以上のような資質・能力を育て、生涯にわたって読むことを楽しむ「生涯読書人」・生涯にわたって書くことを楽しむ「生涯記述人」・生涯にわたって対話することを楽しめる「生涯対話人」を目指し、日々の生活の中でこれらの活動を楽しむことができる「生涯国語人」を育てていきたいものである。「考える国語」は、そんな子どもたちの姿を目指している。

　以上の様な「考える国語」の授業においては、子どもたちの論理的に「考える」という思考活動を重視している。この思考活動では、子どもたちの考えを書いたり話し合ったりする多くの活動が必要となる。そして、この活動においては、表現する目的、方法、ゴールが明確にされなければならない。

　よって、子どもたちは何をどのようにして表現するかが明確となり、表現活動に向かいやすくなるのである。

　読みの活動と並行して、このような表現活動を行っていくのが「考える国語」の授業となる。

3.「問題解決学習」と表現活動

　表現活動においては、子どもたちが表現するものを持つことが重要である。

　その表現するものとして子どもが持つ解決したいという「問い」とその解決の過程を重視した「問題解決学習」での表現活動が必要となる。その「問

題解決学習」を次のように考えている。

（1）国語授業の問題と目指す方向

　文学作品や説明文の多くの授業には、次のような流れが見られる。

　物語の授業の場合、その多くは作品をいくつかの場面に分けるという場面分けから入る。そして、最初の場面から順番に「〜の気持ちは・・・」という発問のくり返しによって、登場人物の気持ちをイメージと感覚で読んでいく指導である。

　また、説明文の授業においても段落分けから入り、最初の段落から順を追って「どんなことをしましたか？」「どうなりましたか？」という発問で内容を確認・なぞるという指導である。

　このような限定された一部分の場面や狭い範囲の内容だけを「イメージや感覚」だけで読み、「確認・なぞる」という一問一答の授業には、論理的に「考える」という子どもの思考活動の姿は見られない。子どもたちが作品全体の構成、場面や段落のつながりを踏まえた内容（作品を丸ごととらえた読み）を土台として、論理的に考え作品や文章を読んでいく姿を求めた問題解決学習の授業づくりを目指していきたい。

（2）国語の問題解決学習

　「考える」国語授業づくりにおいては、子どもの思考活動を重視している。この思考活動においては、子どもに問題意識を持たせることが必要である。そのためには、子ども自身が「問い」を持ち、その「問い」を解決していくという「問題解決学習」を授業像として目指していきたい。

　論理的に「考える」国語の授業づくりにおいては、国語の基礎・基本（「用語」「方法」「原理・原則」）を糧として、思考・判断・表現し合う子どもの姿を求め、子どもが論理的に「考える」という思考活動を行っていく授業づくりを目指していきたいと考えている。さらに、子どもが論理的に「考える」

姿として次のことを重視する。

  ・「用語」を習得し「考える」姿

  ・「教材の論理」（教材の持つ特徴や仕組み）を「考える」姿

  ・教材の論理から「問い」を持たせ、その解決を「考える」姿

（3）「思考のズレ」からの問題解決学習

　子どもが学習の中で論理的に「考える」ことは、学習や教材に対して何らかの「問い」を持つことから始まる。この「問い」には、子どもの何らかの「こだわり」がある。この「こだわり」の強さが、子どもたちの読みの意識の高さにもつながってくると考えている。

　教師が提示する課題に対して、子ども一人一人が考えを予想し、それを表現し合うことによって思考の「ズレ」が生じる。この思考の「ズレ」が子どもが持つ「問い」である。そして、この思考の「ズレ」を埋め合わせていくことが国語の問題解決学習と考えている。しかし、ここで問題にしなくてはならないことは、

  ・どのような「問い」を持たせるか？

  ・何を根拠として「問い」を解決させるか？である。

（4）「問い」の条件

　「考える」国語の授業づくりにおいては、「問い」の質はとても重要になってくる。そのための「問い」の条件として次のようなことを考えている。

○教材を読んでいく価値のある「問い」であること。

○子ども全員の「問い」となること。

○「問い」が教材の論理や「用語」「方法」「原理・原則」

　の習得・活用によって、解決できること。

○読みのねらいを達成できること。

○論理的に「考える」思考活動が設定できること。

○教材の論理を糧とした「表現活動」ができること。

○「問い」を解決することで学び（基礎・基本の習得）があ
ること。

（5）「問い」を作るための課題

「思考のズレ」を生むための「問い」を作るためには、次の三つの方法から課題を設定する。

①題名から「問いの文」を作る。

②導入の活動から課題を作る。

③作品や文章の内容との関連から課題を作る。

①は題名をそっくりそのままカギ括弧に入れて、問いの文を作り、その答えを求める課題である。

②の「導入の活動から「問い」を作る」ことは、導入でさまざまな活動を設定し、その活動の中で「問い」が生まれる課題を設定することである。

③の「作品や文章の内容との関連から「問い」を作る」ことは、作品や文章の一部分を取り出した課題を設定して、その答えや考えを表現し合うことの中から「問い」が生まれるようにすることである。

●●●

4．表現力育成 10 のポイント

表現力育成のためには、単発的な話し合い活動や音読、朗読、視写、そして、書く活動といった形式的な表現活動では、その目的を達成することは期待できない。これまでに述べてきた読解指導との関連指導を考えていかなければならない。読みのための表現活動、読みを深めていくための表現活動、そして自分の考えを深めていくための書く活動、話し合い活動をしていく必要がある。

思考を高めていくための中学年における表現力育成 10 のポイントとし

て，次のような思考活動を目指していきたい。

①「考える」という思考活動からの表現活動

　　自分の読みを論理的に表現する。

②「目的」を明確にした表現活動

　　何のために表現するのかを明確にして表現する。

③読みの学習活動との関連を持たせた表現活動

　　読みの確認や考えを深めるために表現する。

④表現する「用語」を持たせた表現活動

　　必要な「用語」を使って表現する。

⑤表現する「方法」を持たせる表現活動

　　何をどのように表現するのか、その「方法」を使って表現する。

⑥「原理・原則」を使った表現活動

　　きまりに則って表現する。

⑦表現するための「内容」を持たせた表現活動

　　何を表現するのかを明確にして表現する。

⑧感動、読みの要因をさぐる表現活動

　　なぜ？そのように読めるのかを考えて表現する。

⑨「問い」の解決を目指すための表現活動

　　なぜ？どうして？を明確にするために表現する。

⑩「思考〜判断〜表現」という思考過程を重視した表現活動

　　どのように結論を出したかを表現する。

1 「考える」という思考活動からの表現活動
～自分の読みを論理的に表現する～

第6連を創作する活動から
『ちいさい　おおきい』（こうやま　よしこ）

教材の論理からの表現活動

　「考える」国語の授業づくりにおいては、教材の論理を見いだし、その論理を「考える」糧として論理的に思考し表現に拓いていく表現活動を目指している。

　資料1の詩『ちいさい　おおきい』（こうやまよしこ）を以下のような流れで3年生に実践した。ここでは、作品の論理を糧とした「考える」という思考活動からの表現活動を報告する。

①教材について

　作品は6連構成であるが、子どもたちには、6連目を空欄にして5連目までを教材として提示した。それは、1～5連に使われている技法「くりかえし」の論理を使って第6連を創作させようと考えたからである。

②作品の中の論理について

　作品の中の論理として「くりかえしの種類・役割」「「ちいさい　おおきい」の対比とその関係」を取り上げた。

③技法と効果を関連させて読む

　第2段階の「細部を読む」学習で手がかりとした技法「くりかえし」（リフレーン）と、「ちいさい」と「おおきい」の対比を取り上げてその関係を読み、そこにある論理をつかみ、その論理を手がかりとして読むことができるようにする。言葉のくりかえし、連のくりかえし、言葉の対比が共通に理解されていることを踏まえて、一人一人の読みが生まれ、表現されることが共通の土俵と考えている。具体的には、次のような内容を共通理解としていった。

・同じパターンのくりかえし

　　一連の内容は次のような構成である。

　ちいさい　おおきい　／　ちいさい　おおきい　／　おおきくって　おお
きくって　おおきくって　／　ちいさい　／　ぞうさんの　なみだ

　　この構成が基盤となり、その他の連も同じような構成となっている。
要するに同じパターンのくりかえしであることをとらえる。

・言葉の対比

　　言葉の対比として、「おおきくって　ちいさい」「ちいさくって　おお
きい」「ちいさくって　ちいさい」は、それぞれ何のどんな関係を表現
しているのかをとらえる。以上が技法を手がかりとした作品の読みの具
体的内容である。

④表に整理して読む

　それぞれの連に使われている技法とその表現内容をとらえやすくするため
に、以下のような目的で資料2のような表に整理した。

◎言葉の対比を整理して、その関係をわかりやすくとらえることが
できるようにする。
◎創作活動の約束事をとらえやすくする。

　縦軸に行数、横軸に連を入れることによって、枠組みをつくらせてそれぞ
れの内容を整理させる。そうすることで言葉の対比も明確にとらえられるよ
うになる。そして、表から読める約束事を次のように整理し、それを第6連
を創作するための約束事としていく。

◆第6連を創作するための約束事

・1、2行目はどの連も「小→大」の関係だから6連も「小→大」の関係
になる。

・3行目は、1・2連は「大→小」がくり返され、3・4連は「小→大」

がくり返され、5連が「小→小」となっているから「大→大」となる。

・5行目は、「～の」という形で4音か5音の生き物を入れた言葉が入る。
そして、何がに当たる部分は3音の言葉である。

以上のような約束事は、次の創作活動での評価の観点となる。

⑤約束ごとを見つけて創作する

第6連を創作していく活動である。創作活動においては、表の読みから見いだした約束事の上に立った創作活動を行う。

◆第6連の文型

アイウの□には、どんな言葉を入れればいいか、表を手がかりにすることで次のような言葉が入ってくることがわかる。

ちいさい　おおきい
ちいさい　おおきい

ア	
イ	
ウ	

・ア　おおきくって／おおきくって／おおきくって

・イ　おおきい

・ウ　くじらの／くしゃみ

アに入る言葉は、5連が「小さい」だから6連は「大きい」というように考える。ここはそんなに悩まずに言葉が出てくる。

イは、5連が「小」だったので、6連では「大」になることが考えられる。

ここまでは割と簡単に出てくるのであるが、問題はウの生き物の名前である。「おおきくって　おおきくって　おおきくって　おおきい」生き物の何かを音数に合わせて書くことが要求される。

「の」をつけて3音か4音の生き物探しが始まる。子どもたちからは「ぞうさんの」「きりんの」「きょうりゅうの」「くじらの」等の言葉が出てくる。どれも約束事の4音、5音はクリアーしているのであるが、「ぞうさんの」は、既に使われているので良くない。「きょうりゅうの」は、今はいない生き物だからあまり良くない・・・等の意見が出される。さらに、何がに当たる部

分は３音の言葉を探すことになる。最後の行の「〜の・・・」という言葉の関連の約束をもとに考えるのであるが、この部分が一番悩むところである。

　以上のような創作活動を通して、子どもは自分の第６連を創作して、自己評価をしていく。その評価の観点としたのが、④の活動で見いだした約束事である。その約束事がクリアされているかを自分で評価していくのである。観点がはっきりしていれば、子ども自身でも評価が可能になってくる。

◎資料１

```
　　　ちいさい　おおきい
　　　　　　　こうやま　よしこ

ちいさい　おおきい
ちいさい　おおきい
おおきくって
　　　　ちいさくって
ぞうさんの　なみだ

ちいさい　おおきい
ちいさい　おおきい
おおきくって
　　　　ちいさくって
かばさんの　むしば

ちいさい　おおきい
ちいさい　おおきい
ちいさくって
　　　　おおきくって
かえるの　おなか

ちいさい　おおきい
ちいさい　おおきい
ちいさくって
　　　　おおきくって
ありさんの　にもつ

ちいさい　おおきい
ちいさい　おおきい
ちいさくって
　　　　ちいさくって
めだかの　あくび
```

◎資料２

第６連	第５連	第４連	第３連	第２連	第１連	
？ （小→大）	小→大	小→大	小→大	小→大	小→大	1行目
？ （小→大）	小→大	小→大	小→大	小→大	小→大	2行目
？ （大）	小	小	小	大	大	3行目
？ （大）	小	大	大	小	小	4行目
？ 4音か5音 ＋3音	めだかの あくび 4音＋3音	ありさんの にもつ 5音＋3音	かえるの おなか 4音＋3音	かばさんの むしば 5音＋3音	ぞうさんの なみだ 5音＋3音	5行目

2 「目的」を明確にした表現活動
～何のために表現するのかを明確にして表現する～

読書感想文を書く活動から
～読書感想文の書き方～

　読書感想文を書くとなると「何を書いていいのかわからない？」「どう書いていいのかわからない？」などの悩みが出てくる。感想文の書き方にもさまざまな方法があり、その方法を知ることで、何をどのように書けばいいのかがわかってきて書きやすくなる。

　ここでは、読んだ本の感想文を書くという目的を持って、その書き方を学ぶと共に、実際に感想文を書くことができるようにする。

①本を選ぶ

　読書感想文は本を読んだ感想を書くことである。まずは本を選ぶことから始める。感想文を書くために読書をするのも一つの方法であるが、これまでに読んだ本を思い出して心に残っている本がある場合は、その本をもう一度読んでみるという、自分の読書生活を思い出すのも一つの方法である。

　新しく読書をしたいと思えば、次のようなポイントで本を選ぶことから始めてみるのもいい。

◎ポイント１　題名がおもしろそうだと思った本

◎ポイント２　主人公に共感できそうな本

◎ポイント３　自分の興味のあることが書かれている本

◎ポイント４　友だちが読んでいておもしろそうと思った本や、誰かにすすめられた本

> ◎ポイント5　映画やドラマの原作となった本
> 自分が読みたいと思った本を選ぶことが大切です。

🖊本を読む

　本をただ読んでいくのではなく、読書感想文を書くことを目的に読んでいくことが大切である。だから、おもしろいと思ったところや疑問に思ったところ、驚いたところ、心に残ったところには、付箋を貼ったりメモをとったりしながら読んでいくことが大切である。

　また、読んでいくときに次のような物語の仕組みや、文の基本的な構成を知っておくと読みやすくなる。

◆物語の仕組み

　物語は、中心人物が大きな出来事や事件によって、変わっていくことが書いてある。よって、中心人物を探して、その人物がどんなことに出会って、どのように変わっていくのかを考えながら読んでいくと内容を把握しやすくなる。さらに、この基本的な仕組みを次のような「一文」の型でまとめることもできる。

　（　中心人物　　　　　　）が（　出来事・事件　　　）によって、
　　　　　　　　　　　　　　　（　変容　　　　　　　）になる・する話。

　読んだ後、このようにしてまとめてみると、どんなお話だったのかがわかりやすくなり、この「一文」を感想文の中に使うこともできる。

◆物語以外の文章の構成

　説明的な文章は次のような基本的な構成で書かれている。

はじめ（序論）	中　（本論）	おわり　（結論）

さらに、この基本構成のどこにまとめや筆者の主張があるかによって、次のような三つのパターンに分けることができる。

・結論や主張が「はじめ（序論）」にある場合・・・頭括型（とうかつがた）

・結論や主張が「おわり（結論）」にある場合・・・尾括型（びかつがた）

・結論や主張が「はじめ（序論）」と「おわり（結論）」にある場合

・・・双括型（そうかつがた）

　以上のことを知っていると、筆者の主張もきちんと読み取れるようになる。このことを考えながら本を読んでいき、これを読書感想文として表現していくようにすれば書きやすくなる。

構成を考える

　読書感想文の場合、次のような基本的な構成で書いていくと、何をどのように書けばいいのかがわかりやすくなる。

◆はじめ（序論）

・読んだ本の題名と本を選んだ理由やあらすじを書く。

・あらすじは短く！

（主人公はだれか？　どんな人か？　話の中でどんなことが起こるか？等）

・物語の場合、「一文」を書いても効果的

・自分が感じたことや考えたこと等の自分の感想を短く書いてもいい

◆中（本論）

・ここでは、心に残ったことを詳しく書いたり、「はじめ」で書いた自分の感想の理由等を詳しく書く。

・書く内容としては、「強く心に残った場面とその感想」「強く心に残った理由」あるいは、「はじめ」の部分で書いた「一文」の内容について詳しく説明する。

・ここで大切なことはこれらの内容について三つの事柄をあげるといい。三つあげることで説得力がでる。

・強く心に残った場面では、「自分が登場人物だったら、どのように考えたり行動したりするか」を想像したことを書いてもいい。

・自分と比べたことを書いていくと書きやすくなる。

◆おわり（結論）

・本を読んで学んだことや感じたこと、自分の心の変化を表現する。

・「はじめ」で書いたことをもう一度ここで取り上げ説明し、まとめをする方法もある。

🔲 見直しをする

書き終わったら、次のことはできているか確認するために読み直す。

・誤字や脱字はないか？

・原稿用紙の使い方はいいか？

（題名の書き方や名前の書き方はこれでいいかな？　句読点はいいかな？　段落分けはこれでいいかな？　文末表現はこれでいいかな？）

おまけの情報

～双括型で書いてみよう～

基本文型の「双括型」の文型で書くと、とても書きやすくなる。

◎はじめ

・読んだ感想を簡単に書く

（このお話は、とても悲しいお話でした。どんなところが悲しかったのかを書く。）

◎中

・感想の理由を３つあげる。

（どんなことが悲しかったのか、三つ紹介します。一つ目は・・・・・二つ目は・・・・・三つ目は・・・・・）

◎おわり

・もう一度「はじめ」を取り上げ、まとめます。

（こんなことが自分のまわりで起こったら、本当に怖いと思いました。だから私は、・・・・・）

3 読みの学習活動との関連を持たせた表現活動 ～読みの確認や考えを深めるために表現する～

～論理的に読み、表現する活動～
『たんぽぽさいた』 （まど・みちお）

　読みの学習の中で作品の読みを生かした創作活動をする。

　読みの学習の中で作品の中の約束ごとを見つける。その活動において子どもたちがその約束ごとを見つけやすくするために、架空の人物「太郎君」と「花子さん」の作品を提示してみた。

　作品の中から直接約束ごとを見つけるのはなかなか思うようにいかないが、別の作品と比較をすることで、子どもたちは、たくさんの違いを見つけることができる。

🔲 「考える」という思考の場の具体

（1）ゆさぶりの設定

　子どもの創造の世界を広げるための思考活動をより活発にしていくために「しかけ」を作り、ゆさぶりの場面を設定する。その「しかけ」として、活動1において架空の人物「太郎さん」と「花子さん」の設定を試みた。

　視写した作品をもとに「この詩の第三連を創作しよう。」と指示を出し創作活動を進めていくと、子ども一人一人の自由なイメージと感覚からの拡散的思考としての表現内容となる。この表現内容には、子どもが思考するという世界は見られない。

　この活動に行く前に作品から約束事を導き出し、それに則った収束的思考としての表現活動でなければ、子どもの「考える」という思考活動は成立しないと考えている。

　では、こんな発問をしてみてはどうだろうか？「第三連を創作しようと思います。どんなきまりが必要でしょうか？詩の中からきまりを探してみよう。」

　この発問なら、何とか方向が見えてきそうであるが、「考える」という思考の場においては、その入り口で子どもが、「考えたい」「どうして？」「えーっ、どうして？」というような問いを持ち、問題解決に対して意欲を高める場が必要と考えている。この視点から発問を見ると、子どもの問題意識は高くなるとは思えない。そこで、子どもが問題意識を高めるために次のように発問をしてみた・・・

　「太郎君と花子さんが第三連を作りました。作った作品はこれです。どうでしょうか？」　そして、次のような作品を提示した。

◆太郎君の第三連	◆花子さんの第三連
・ ・ ・ ・ ・	・ ・ ・ ・ ・
・ ・ ・ ・ ・	・ ・ ・ ・ ・
せみの　・・・・	かえるの　・・・・
せみが　・・・	かえるが　・・・
ミンミンミミーン	けろけろ　たんけろ
・ ・ ・ ・ ・	・ ・ ・ ・ ・

　太郎君と花子さんの作品が登場することで、子どもは自然な思考活動として、学習材の作品と二人の作品を比較して見るようになる。そして、「えーっ・・・」という言葉が自然な形で出てくるのである。この自然な子どもの姿が「考える」という思考活動の入り口であると考えている。

　比較思考することで子どもからは、その違いがどんどん次から次へと出てくる。「きまりを見つけよう」と言わなくても、子どもの発言内容を整理していくことで約束事を導き出せるのである。

　・太郎君は3、4行目の生き物を「せみ」にしているのはおかしい。だって、この詩はたんぽぽが咲いた春の様子を表現しているんだから、春の

生き物にしたほうがいい。

・１連のひばりの鳴き声と、２連のたにしの転がるようすを表す言葉は、４音・４音の８音となっているのに太郎君のは音数が違う。花子さんの音数はきちんと合っている。

・５行目の「たんぴぴ」と「たんころ」は、たんぽぽの「たん」にくり返した（擬音・擬態）がくっついていかなければならない。

というような内容の発言が出てくる。これらの内容をまとめていくと、第三連を作るための次のような約束事が集約されてくる。

・生き物は３音の春の生き物

・５行目の言葉は、４音＋４音＝８音

・５行目の下の言葉は、「たん○○」

・ほめる言葉は「擬音語」か「擬態語」

・全てひらがなで書く

　教材の作品と架空の人物の作品との比較思考は、子どもの自然な思考での解決に到達することになるのである。ここで解決したきまりを、今度は共通の土俵として第三連の創作活動に向かわせるのである。

（２）評価の場面

　創作活動における評価は、それぞれのイメージと感覚からの表現内容を重視してしまうと曖昧な評価になってしまう。「いろいろあっていい」というような曖昧な評価とならないようにすることが重要である。

　第三連を創作するという活動では作品そのものを評価することとなる。この際、何を評価するかという観点が明確にされていることが重要である。活動１で全員で導き出した具体的な約束事が評価の観点となる。この観点なら、子ども自身の自己評価も可能になる。

　評価の観点である基本的な約束事に則って、子ども自身の発想は、どこに

表現されるのか？それは擬音語、擬態語の取り上げ方、表現の仕方にその子なりの物の見方、考え方が表現されるのである。

（3）さらなる思考の場へ

学習の入り口で持つ子どもの「えーっ、どうして？」の問いは、その思いが強ければ強いほど様々な場でも持ち続けられるものである。そして、その思いは自分なりに楽しむという方向へと発展していく。

そんな「考える」ことを楽しむ子どもの姿が授業後の日記に表現された。

今日、「たんぽぽさいた」という詩の学習で第三連を作る勉強をしました。

第三連を作っていて、ふと思ったことがあったので書いてみることにしました。

約束事を使っていろんな連ができるのはいいのですが、どこまでも同じ感じの内容が続き、終わりがないように思います。そこで、終わりの連を考えてみました。

◆「うれしいタイプ」の連

```
・・・・      てれた
ほめられ    てれた
たんぽぽ    おれいに
たんぽぽ    おどる
ぽんたた    たんたた
ありがとう
```

※「うれしいタイプ」の連に続けて、綿毛になって飛んでいってしまう「悲しいタイプ」の連も創作している。

みんなからほめられうれしい様子をおどっているかのように表現。

「ありがとう」とあいさつでしめくくった。こうすることによって、全体のまとめの役割の連ができ、全体的にまとまった詩になったと思います。

4 表現する「用語」を持たせた表現活動
～必要な「用語」を使って表現する～

🖱 共通の土俵としての「用語」の重要性

『お手紙』の授業でいつも大きな議論となるのが、「この作品の中心人物はだれ？」という問題です。それに対する子どもたちの声は・・・

・かえるくんが手紙を書いたから中心人物はかえるくん・・・

・かえるくんがたくさん出てくるし、たくさんしゃべっているからかえるくん・・・

・がまくんがお手紙をもらえたから、中心人物はがまくん・・・

・がまくんの気持ちが書いてあるから、中心人物はがま君・・・

・がまくんとかえるくんのことだから、中心人物はがまくんとかえるくん

・大事な手紙を届けたのは、かたつむりくんだから、中心人物はかたつむりくん・・・

とさまざまである。どの声もなるほどと思わせるものばかりだが、結局は「これだ！」と決められず、うやむやにされてしまうことがほとんどである。一体、だれが中心人物なのか？

このような問題は、まだまだたくさんある。例えば「登場人物とは？」でも、説明文の「要点をまとめる」でも、「要点とは？」「要約とは？」「要旨とは？」というように・・・。どうして、国語の授業の中では、このようにうやむやにされてすっきりしない問題がよく出てくるのだろう。

「なるほど！」と頷け、すっきりさせることはできないものだろうか。一体、何が原因なのだろう。

その原因として一番に考えられるのが、それぞれの「用語」の定義が明確にされていないことと、ひとりひとりがその「用語」の解釈を共有していな

いことである。共有する「用語」を持つことは、コミュニケーションをスムーズにすることにつながると共に、作品の読みをも論理的にし、論理的な表現につながると考えている。

　これまでの国語の学習で曖昧にされてきたさまざまな「用語」を、全ての子どもが共有し、読みの学習が明確になるようにしたいものである。

① 「中心人物」をさぐる活動の流れ・・・・・

　用語「中心人物」という言葉の理解ができていない 3 年生の子どもたちに、すでに学習済みの『お手紙』を使って指導をした。なぜなら、この作品が「中心人物」の確定に多くの人が悩むことと、3 年生にとっては既習教材であるので全員が内容を知っていることから、最適の教材であると考えたからである。

　前掲の『お手紙』での「中心人物」の子どもたちの考えは、どれもが作品の内容をもとに考えている。内容だけでは議論は平行線をたどり結論を見いだすことはできない。

　子どもたちのさまざまな考えが出された後で、次のような基本となる定義を提示した。

> 中心人物とは？　お話の中で心が一番大きく変わった人です。

　この定義を提示しても子どもたちは次のような考えを出し、「がまくんもかえるくんも心が変わっている」と言い、また平行線をたどっていく。

○がまくんは、お手紙をもらったことがなく悲しい気持ちでいたのに、最後は、かえるくんから手紙をもらって幸せな気持ちになったから心が大きく変わった。

○かえるくんは、友だちのがまくんが手紙をもらったことがなくて悲しんでいることを悲しんでいるけど、最後は手紙をもらって幸せそうながま君を見て幸せな気持ちになっている。だから心が大きく変わっている。

　どれも「なるほど・・・」と思わせることばかりであるが、二人の心の変

容の内容を次の二つの文で比較してみると・・・

①物語の最初の部分の「二人ともかなしい気分で、げんかんの前にこしを下
　ろしていました。」

②物語の終わり部分の「二人とも、とてもしあわせな気もちで、そこにすわっ
　ていました。」

　二つの文の内容を「二人とも」の言葉に着目し深く読んでいくことで次の
ような違いが浮き彫りにされる。これを結論に向かうための手立てとした。

○かえるくんの心の変容

　　・始め・・・親友のかえるくんが手紙をもらったことがないと悲しんでい
　　　　　　　ることを悲しんでいる。

　　・終わり・・親友のかえるくんが手紙をもらって、幸せな気持ちになって
　　　　　　　いることで幸せな気持ちになっている。

○がまくんの変容

　　・始め・・・手紙をもらったことがなくて悲しい気分でいる。

　　・終わり ── かえるくんから手紙をもらってうれしい。
　　　　　　　　自分には、こんなにも心配してくれる「親友」がいることが
　　　　　　　うれしい。

　この比較から、がまくんとかえるくんは同じように心が変容しているよう
に見えるが、がまくんは二つの心が変容していることを明確にして、心が大
きく変容しているのは「がまくん」であり、中心人物は「がまくん」である
ことがはっきりする。これで「用語」である「中心人物」の理解ができる。

　このような用語の理解はこの後、さまざまな物語の読みにおいて活用でき
るのである。なぜなら、物語は中心人物の変容を読むことを目的にしている
ため、中心人物をきちんと把握するためにも重要なこととなるのである。

🔖 「用語」の活用

次の詩を学習したときの子どもの日記です。

> たんぽぽ　さいた
> 　　　　　まど・みちお
>
> きれいに　さいた
> たんぽぽ　さいた
> ひばりの　ことばで
> ひばりが　ほめた
> ぴいぴぴ　たんぴぴ
> きれいだね
>
> たんぽぽ　さいた
> きれいに　さいた
> たにしの　ことばで
> たにしが　ほめた
> ころころ　たんころ
> きれいだね

『たんぽぽ』（まど・みちお）の詩を学習した。その中で詩の美しさは何で決まるのか、とてもよく分かった。簡単な6行の詩の中にたくさん秘密があった。詩は、短いために、音の数、季節、くりかえしの構成、擬声語などを効果的に使って、気持ちを伝える方法があることを学んだ。

今、音楽で『ボルト』（ショスタコーヴィチ）の曲に道具（棒、ボール、スカーフ）を使って、ＡＢＡ形式の曲で体で表現する授業を思い出した。ＡＢＡ形式は詩のくりかえしの構成、棒は音の数、ボールは擬声語（ポンポンとくり返す）、スカーフは変化を表す季節の役割に当てはまる。国語と音楽の授業につながりがあることを発見し楽しくなった。

さらに、もっと音楽に似ていることがあった。先生が詩の音読の時に「た」を意識してきれいに発音するように言われたことだ。詩をよく見ると「た」が84音中12音ある。しかもその「た」は、行の始めや終わりにあるものばかりだ。これは、押韻と言って、同じ音を並べ、詩にリズムをつけるものだ。そして、「た」をきれいに読むと詩が生き生きとした感じになった。音楽も一拍目が大きく演奏されることが多い。

今回、音数はリズムを与え、詩を生き生きと表現できることが分かり、詩

から歌が生まれる訳が分かった。

　この日記の中には、詩の内容を理解するために、そこに使われている技法や効果、そして詩の学習に必要な用語を見事に使って、作品の内容を論理的に読み解いた子どもの姿が見られます。さらには、その思いを用語や詩の仕組みを使って、自分の読みを論理的に表現する姿も見られます。そして、詩の学習で得たことを他の教科との関連を考えた思考へと、「用語」や作品の仕組みを発展させています。

　この日記に見られる子どもの姿には、まさに「用語」「方法」「原理・原則」を習得し、これらを自分のものとして活用できている姿を見ることができます。と共に、国語の学習における「用語」を習得する力の重要性を物語っているように思います。

　子どもが自分らしく読み表現するためにも、「用語」を子どもたちが自分の読みに生かすことが、その読みを自分らしく論理的に表現することにつながるのである。

5 表現する「方法」を持たせる表現活動
～何をどのように表現するのか、その「方法」を使って表現する～

 表現「方法」を持つことで・・・・

どんなことでもそうであるが、「方法」（技術）をも持てば、その楽しさを味わい、さらにはその技術を向上させ、自分らしい表現に向かうことができるのではないだろうか？

国語の授業でもさまざまな活動が行われる。その活動に向かうための「方法」を指導していくことは授業の大きなねらいであるが、その方法が指導されず、活動を行うことだけが行われている。様々な「方法」を子どもたちに指導し、子どもたちがその方法を活用して、自分らしく表現できるようにしていくことを大切にしたいものである。

ただ、ここで大切にしていることは、さまざまな「方法」を習得することだけを目指しているのではない。「方法」を身につけることの目的を次のような2点からとらえている。

①方法の習得

「何をどのようにすればいいのか？」という方法を習得することを一つのゴールとする。

②方法を活用

習得した「方法」をそのままでとどまらせるのではなく、さまざまな場において活用できるようにする。

要するに「方法」の習得だけを目指すのではなく、その方法をさまざまな表現活動に生かしていくことを目指している。

🔖 短歌・俳句の創作の方法に向けて・・・・

（1）目的は？

◆言葉のリズムをとらえる力

・音数と文字数の違いを知り、短歌・俳句のリズムを構成しているのは、「音数」であることを知り、音数を正しく数えられるようにする。

・短歌のリズムが「五・七・五・七・七」の音数で構成されていること。

・俳句のリズムが「五・七・五」の音数で構成され、季語が入るという約束事。

◆五音・七音の言葉を使って表現する力

・言葉と言葉を組み合わせて、五音や七音の言葉ができること。（複合語）

・五音・七音の言葉を組み合わせてリズムをつくる。

・五音・七音のリズムを使って、自分の思いを表現する。

（2）方法

「短歌・俳句」をつくる手順

手順1 音数の数え方を学習する。

・音数と文字数の違いを区別する。

・「しょうがっこう」を例として、文字数だと「7文字」、音数だと「6音」となり、拗音と促音、清音の数え方をとらえさせる。「拗音はくっついて1音・促音は独立して1音」の区別をする。

手順2 短歌・俳句について知る。

・短歌のリズム・・・「五・七・五・七・七」のリズム

・俳句のリズム・・・「五・七・五」のリズムと季語が入る

手順3 表現したい内容を作文する。

・表現の内容として「美しい景色、わび・さびの世界、喜び・悲しみの心」を取り上げる。

・表現したい内容を200字ぐらいで書く。

（手順4）言葉を選び出す。

・表現したい内容を表す言葉（単語）を文章から取り出す。

・言葉を変化させ。（例：「そびえたっていた。」→「そびえたつ」）

（手順5）音数を調整する。

・取り出した言葉の音数が五音・七音の言葉になっている。字足らず、字余りの場合は、言葉を付け足したり削ったり、あるいは変化させて五音七音に調整する。

　　　例：「秋風」→「秋風や」

（手順6）言葉を組み合わせる。

・それぞれのリズムに合わせて、言葉を選び出し組み合わせて作品を作る。

・うまくいかない場合は、言葉を変化させる。

（手順7）同じ音数の言葉を入れ替える。

・同じ音数の言葉を入れ替えて、いろいろな作品を作る。

　　例：　まぶしいな　　ひまわりの花　　夏の庭
　　　　　　　　　　　　　↓
　　　　夏の庭　　ひまわりの花　　まぶしいな

（手順8）作品を選ぶ

・表現したい内容にぴったりの作品を選び、絵を添えて表現する。

実践例

「短歌・俳句」を作ろう　3年

（1）表現したい内容を短作文に書く

短歌・俳句に表現したい内容を２００字程度で表現する。

> ひがん花
> 私は、マンションの花だんに、一りんだけ一人ぼっちで咲いているひが

ん花を見つけました。秋の風にふわりふわりとゆれながらとてもきれい
でした。

　私は、今まであまりよくひがん花を見ていませんでしたが、よく見る
と真っ赤なすがたをして、とても美しかったです。

　真っ赤なひがん花を見て秋の色だなあと思いました。

（2）作文から言葉を取り出す

　表現した作文の内容から、表現したい内容に合う言葉を取り出す。

　前掲の作文の子どもは、以下のような言葉を取り出しました。

> 花だん　　一りんだけ　　一人ぼっち　　ひがん花　　秋の風
> ふわりふわり　　ゆれながら　　きれい　　真っ赤なすがた
> 秋の色　　美しかった

（3）取り出した言葉を組み合わせる

> ◆ 短歌
> 秋の風　一りんだけの　ひがん花　ふわりふわりと　花だんに光る
> ◆ 俳句
> 花だんには　一人ぼっちの　ひがん花

（4）同じ音の言葉を入れ替える

　大抵の創作活動では、言葉を組み合わせて終わりになることが多いが、こ
こから推敲活動に入り、作品をよりよく仕上げていく。

　ここでは、同じ音数の言葉どうしを入れ替えさせる。短歌・俳句における
言葉は、「五音は五音どうしで」「七音は七音どうしで」入れ替えさせる。ま
た、入れ替えることで言葉を変えて表現させてもいい。この活動によってい

ろいろな作品ができあがります。入れ替えることによって、表現が変わって
くることを味わわせ、その中で、自分が一番いいと思う作品を選ばせる。

    花だんには　一人ぼっちの　ひがん花

                  ↓

  ひがん花　一人ぼっちで　花だんには

    秋の風　一りんだけの　ひがん花　ふわりふわりと　花だんに光る

                  ↓

  秋の風　花だんに光る　ひがん花　ふわりふわりと　一りんゆれる

---

6 「原理・原則」を使った表現活動
～きまりに則って表現する～

① 「一文で書く」とは・・・・

　物語の読みにおいては、何をどのようにどんな内容を読むのか、読みの目的を持たせることが必要である。物語の「原理・原則」として「一文で書く」ことを、物語の読みにおける「きまり」ととらえて、読みを表現させていきたい。「一文で書く」を次のようなきまりとしてとらえている。

　物語は、中心人物の変容が描かれている。中心人物が、どんな事件や出来事によって、どのように変容するかをおさえ、「～が、～によって、～する（～になる）話」という一文でこの変容を表現することによって、作品の基本構成を把握できるようになる。その方法として次のような手順で表現する。

①物語の「はじめ」の部分から、中心人物がどのような状況（おかれている状況や心の状態）であるかを読む。

②物語の「なか」の部分から、変容のきっかけを読む。

　・対人物や起こる事件によってどのような影響を受けるか？

③物語の「おわり」の部分から、どのように変わったかを読む。

　・「はじめ」の状況と比較する。

④基本文型「～が、～によって、～する（～になる）話」で表現する。

　「一文で書く」ことで次のようなことが読めます。

　1.　物語の「はじめ」の部分から、中心人物がどのような状況（おかれている状況や心の状態）であるかを読むことができます。

　2.　物語の「なか」の部分から、変容のきっかけを読むことができます。また、対人物や起こる事件によってどのような影響を受けるかを読むことができます。

3. 「はじめ」の状況と比較することで、物語の「おわり」の部分から、どのように変わったかを読むことができます。

実践例

「一文で書く」を使って
～「世界でいちばんやかましい音」を読む～

物語は、中心人物がある出来事によって、どのように変わったか（しあわせになるか？不幸になるか？）が書かれていることをとらえさせる。そのためには、物語の「中心人物」をしっかりととらえる必要がある。

「中心人物は心が大きく変わった人」というきまりからとらえさせると「ギャオギャオ王子」であることがわかる。

> 中心人物「ギャオギャオ王子」はどんな人物？

冒頭部分で中心人物はどんな人物かをとらえさせ、「ギャオギャオ王子」の人物像を明確にする。

・世界でいちばんやかましい町、ガヤガヤの都に住んでいる。

・やかましい人々の中でもとりわけやかましい

・たいていの大人よりずっとやかましい音を立てることができる。

・どんなに音をやかましくしても、これで十分という気持ちになれない。

・もっとやかましい音が聞きたい、もっともっとやかましい音が聞きたい、世界でいちばんやかましい音が聞きたいと思っていた。

・世界中の人が、一人残らず、同時にどなったらどんな音になるだろうって。それが世界でいちばんやかましい音になると思っていた。

> 王子様が変わるきっかけとなった出来事は？

　　中心人物が変容するきっかけとなる出来事として、次のような内容をとらえさせる。

・王子様の誕生日に全世界の人が、同じ時こくに、いっせいにさけぶということが全世界中に送り出された。

・いっせいにさけぶという考えに、全世界の人が賛成した。

・人々の間で、世界でいちばんやかましい音を聞いてみたい、自分一人だけだまっていてもわからない。と思われるようになった。

・だれもかれもが、仕事は人に任せて、自分はその結果だけを楽しもうとした。

```
┌────────────────────────────────────┐
│   王子様はどのような王子様になったのか？   │
└────────────────────────────────────┘
```

中心人物がどのように変容したのか、次のような内容からまとめる。

・生まれて初めて、小鳥の歌や木の葉が風にそよぐ音、小川が流れる水の音を聞いた。

・生まれて初めて、人間の立てるやかましい音ではなく、自然の音を聞いた。

・生まれて初めて、静けさと落ち着きを知った。

・そして、これらの音がすっかり気に入った。

・それからというもの、ガヤガヤの町は、もうやかましくなくなった。

・世界でいちばん静かな町になった。

　これらの内容を「一文で書く」と、お話がどんな内容かを書き表せることをとらえさる。そのためには、基本文型をもとにして、どんな内容を表現すればいいかを考えさせて表現させていく。

```
┌──────────────────────────────────────────┐
│   ┌──────────────────────┐                │
│   │  中心人物（ギャオギャオ王子）  │  が          │
│   └──────────────────────┘                │
```

> 出来事（中心人物を変える大きな出来事）　によって、
>
> 変容（中心人物がどのように変わったか？）　する・になる　話。

　物語の全体をとらえてどんなお話なのかを表現させるには、「一文で書く」ことが表現しやすいことをとらえさせる。そして、物語はこの全体をとらえて、中心人物の変容をとらえさせるようにする。この話は次のような一文で表現することができる。

（世界でいちばんやかましい音が聞きたいと思っている）

ギャオギャオ王子が

（王子様の誕生日に全世界の人が、同じ時こくに、いっせいにさけんで
　世界でいちばんやかましい音を聞くはずだったが、「自分一人だけだ
　まっていてもわからない」と人々が思い）

**全世界の人々が仕事は人に任せて、自分はその結果だけ
を楽しもうとしたことによって**

**生まれて初めて、静けさと落ち着きを知り、これらの音
がすっかり気に入った話。**

---

7 表現するための「内容」を持たせた表現活動
～何を表現するのかを明確にして表現する～

作品のテーマを表現するために・・・・

　表現に向かうには、表現の「方法」や表現するための「もの」を持つことはとても重要なことである。この表現するための「もの」が「表現内容」である。

　物語の読みで「作品のテーマ」に迫る読みをさせたい。この時「作品のテーマは何でしょう。書いて見よう。」という漠然とした指示では、子どもたちの読みは期待できない。作品のテーマに迫る読みの学習をし、その読みを表現内容として持たせて表現に向かわせたいものである。

　作品のテーマを表現する読みのあり方、そしてテーマのとらえ方を３年生の『モチモチの木』の実践から紹介する。

作品の特徴

　本教材の特徴は次の二点である。

◆中心人物が変容していない？

　文学作品は中心人物の変容が描かれているのであるが、この作品では「臆病な豆太」が結末でも「臆病」な姿が描かれているので、「中心人物が変容していない」と読める点である。ほとんどの子どもがこの読みをする。

◆小見出しがある。

　教科書の作品においては、小見出しが付けられた作品は多くない。この作品では、５本もの小見出しが付けられている。この小見出しが作品の構成や人物の変容を読んでいく手がかりとなる。

⌑ ⓪ 作品のテーマに迫るための指導の流れ

（1）第一段階の指導

①第1時・・・共通の土俵を作る

　　　　　〜作品を一文で書き、丸ごととらえる〜

　概要　作品の読みを支えるための読みの土俵を作る段階である。まずは、作品全体を丸ごととらえていくために多様な音読をする。本作品は、方言が多く使われているのが特徴で、この独特の言葉を正しく読めるようにする。

　さらに、読みの共通の土俵として登場人物、中心人物の確認をして、「一文で書く」活動を行う。中心人物の変容を表現する段階で、子どもたちが中心人物が変容していないことに気づく。これをこの単元での読みの方向にしていくのである。

②第2時・・・思考のズレを生む

　　　　　〜「豆太は変わったのか？」を考える〜

　概要　作品全体を「一文で書く」と中心人物「豆太」の変容が見られないことに気づく。ここで、「変わっている」「変わっていない」という「思考のズレ」を生じさせ、読みの方向を明確にする。この思考のズレを生じさせることで、子どもたちに読んでいくための「問い」を持たせることとなる。

　問いの解決の一つとして、作品の特徴である5つの小見出しに気づかせ、ここから三部構成を考えさせることで問いの解決を図っていく。

（2）第二段階の指導

①第3時・・・三部構成から読む

　　　　　〜中心人物の「こだわり」から読む〜

　概要　構成をとらえるために、それぞれの場面がどのような話なのかを、文末を「〜する豆太」「〜になる豆太」という形でまとめていく。この場面のまとめから、中心人物「豆太」の「モチモチの木の灯が見たい」というこだわりが明確になってくる。この願いが叶うのかどうかを考えさせていくこ

とで、中心人物の変容の内容を読むことができるようにする。

　中心人物の変容は、「モチモチの木の灯が見たい」という思いがどのように なったのかを考えることであることに気づかせていく。

②第4時・・・「問い」を解決する

　　　　　　～中心人物の変容を「一文で書く」～

概要　作品の構成が「おくびょう豆太」「やい木ぃ！」と「しも月二十 日のばん」「豆太は見た」と「弱虫でも、やさしけりゃ」の三部構成になる ことを、語り手の視点からとらえることで、中心人物「豆太」の変容は、豆 太がモチモチの木の灯を見た所にあることを読むことができるようにする。

　中心人物の変容がはっきりしたところで、物語を「一文で書く」活動を通 して変容をまとめ、「問い」の解決を図る。

③第5時・・・因果関係を読む

　　　　　　～豆太の「勇気とやさしさ」を読む～

概要　中心人物「豆太」の変容を前時の「一文で書く」で表現でき、「問 い」の解決を図ることができたが、なぜ豆太は変容できたのか、その因果関 係を読む必要がある。

　本時においては、豆太の変容は「やさしさ」と「勇気」が大きな原因であ ることをとらえさせる。弱虫でこわがりの豆太が、どうして勇気を出して医 者様を呼びに行けたのかを考えさせていく。その中で、大好きなじさまとの 関係をとらえさせることで、豆太の「やさしさ」と「勇気」を読むことがで きるようにする。

（3）第三段階の指導

①第6時・・・作品のテーマに迫る

　　　　　　～なぜ、豆太はおくびょうにもどったのか～

概要　「やさしさ」と「勇気」を出せた豆太なのに、しょんべんにじさ まを起こしてしまうのかを考えることで、作品のテーマとなる「やさしさ」 と「勇気」について読ませる。

　そのために、「しょんべんにじさまを起こす豆太」の思いと「真夜中に医者様を呼びに行く豆太」の思いを比較させ、「真夜中に医者様を呼びに行く勇気」は豆太にとって一世一代の出来事であったことから、本当の「やさしさ」と「勇気」について考えさせ、作品のテーマに迫らせていく。

作品のテーマに迫る読み

　作品のテーマに迫る読みの終末では、「じさまを助けるために、真夜中に医者さまを呼びに行った勇気」と「しょんべんにじさまを起こす勇気」を比較したのは、その違いをとらえさせるのに効果的だったと思われる。また、この内容を、作品のテーマを表現する「内容」として持たせることにする。

　それぞれの思いを一人一人ノートに書かせることによって、作品の読みがどこまで深まっているかを評価することにつながった。子どもたちの読みは次のような内容であった。

> 　なぜかというと、じさまがはらいたを起こした時は、豆太にとってかなしくて、一大事だったから、じさまを助けたいという勇気を出した。その勇気は、大ピンチの時に出る特別の勇気、しょんべんにいけないのは、別の勇気がひつよう。だから、豆太はしょんべんにじさまを起こした。

　このように比較していくことで「勇気を出す」場の違いをとらえ、この教材の特徴であった「最後に臆病に戻した」理由をはっきりとらえることができたと思った。

8 感動、読みの要因をさぐる表現活動
～なぜ？そのように読めるのかを考えて表現する～

詩のおもしろさや楽しさの要因を求めて・・・・

五音・七音のおもしろさを楽しむ

「言葉のリズムやひびきを楽しむ」ことをねらいとした学習では、文語詩や短歌・俳句を学習材とすることが多い。そして、これらの学習においては、詩を読むことの楽しさやおもしろさを味わわせることを目的として、「暗唱する」「絵に描く」「音読する」といった活動が中心となっている。さらには、これらの活動をもとに「情景を想像しながら、詩の表現の豊かさを味わう」「ことばのリズムを楽しみながら、音読したり情景を想像したりして、詩の楽しさを味わう」「作者のものの見方について話し合ったりして、詩の楽しさを味わう」等を、指導のねらいとした授業が展開されている。

確かにこれらの活動のように声に出して読み、詩の持つ独特のリズムを味わいながら、その世界を想像することも詩の読み方、味わい方の一つの方法でもあるが、何をどうすることがリズムを味わうことなのか、何を手がかりとして詩の内容を想像するのか、その具体的な内容が明確にされていないことが多い。「言葉のリズムやひびき」がどこから生まれてくるのか、その仕組みがわからなければ「言葉のリズムやひびき」を楽しむことにはつながらないと考える。

そこで「何を手がかりに詩の内容を理解し、味わうのか？」を視点とし、さらにこの内容を詩の読みの力とし、感動の要因が表現技法というレトリックから来るものであることをとらえ、論理的に詩の世界を想像することができるようにする。

🖸 実践例

（1）目標

・音読を通して、文語詩のリズムや言葉の構成をとらえることができる。

・五音・七音の仕組みを知り、言葉の広がりのおもしろさを味わうことができる。

（2）指導の流れ

　文語調のリズムに触れることを通して、日本語のリズムには五音・七音のリズムがあり、これが日本語独自のリズムを生み出していることに気づかせていきたい。そして、私たちが普段使っている言葉も、この五音と七音の言葉が多いことを実感させたい。

　さらに、この五音と七音は、なぜ生まれているのか、言葉の仕組みに興味を持たせ、日本語の基本は二音と三音の言葉が基盤となっていて、この言葉の様々な組み合わせでできていることをとらえさせたいと考えた。

　以上のような学習においては、「朗読」機能を持つデジタル教科書の活用と、言葉の変化が一目でわかるようにするためにパワーポイントの活用が効果的であると考え、授業をしてみた。

　以下、提示した画面のいくつかを例にして授業の流れを説明する。

①平仮名表記の文語詩『やしの実』

　画面のような平仮名表記の『やしの実』の一連だけを提示しどのように読むかを問う。すると

　おもひやるやえのしおじお
　いづれのひにかくにかえらん

　うみのひのしづむをみれば
　たぎりおつ（い）きょうのなみだ

　みをとりてむねにあつれば
　あらたなりりゅうりのうれひ

　われもまたなぎさをまくら
　ひとりみのうきねのたびぞ

　もとのきはおひやしげれる
　えだはなほかげをやなせる

　ふるさとのきしをはなれて
　なれはそもなみにいくつき

　なもしらぬとおきしまより
　ながれよるやしのみひとつ

・なもしらぬと／おきしまより

・なもしらぬ／とおきしまより

の二通りの読みが出てきた。前者の読みは、音読して切りやすそう

51

なところで、「切りやすい」という感覚で切っているが、後者は、「名前も知らない、遠い島から・・」というように言葉の意味からとらえてきた。

　そこで、意味を想像しながら、どこで切って読めばいいかを考えさせることとし、平仮名だけでは読みにくいので、漢字で表現できるところは漢字で表現させた。そして、漢字交じりの文にしやすい連から表現させてみると

　「　名も知らぬ　遠き島より

　　　／　流れ寄る　やしの実一つ　」

と一連を表現できたが、その他の連については、なかなか表現できなかった。しかし、漢字に直せる言葉だけでも漢字で表記すると、少しずつ意味もわかってくることを、子どもたちは感じ取った。どこで区切って読めばいいかを議論していく中で、これまでの詩の学習を生かして音数で区切れば読みやすくなることに気づいてきた。

②マス目と音数を加えた画面

（右から左へ）

連	第一	第二	第三	第四	第五	第七	第六
右	なもしらぬとおきしまより	ふるさとのきしをはなれて	もとのきはおひやしげれる	われもまたなぎさをまくら	みをとりてむねにあつれば	うみのひのしづむをみれば	おもひやるやへのしほじお
左	ながれよるやしのみひとつ	なれはそもなみにいくつき	えだはなほかげをやなせる	ひとりみのうきねのたびぞ	あらたなりりうりのうれひ	たぎりおついきょうのなみだ	いづれのひにかにかへらん
音数	五五・七七	五五・七七	五五・七七	五五・七七	五五・七七	五五・七七	七五・七七

音数で区切れば読みやすいことに気づかせるためにマス目を入れた。これによって、五音と七音という一定のリズムを刻んでいることに気づき、読みにくい文章の場合は、言葉の音数を手がかりにすれば、意味を考えて読めるようになることに気づかせていった。そして、作品全体を提示し音読へ進んだが、ここではイントネーションの問題が出てきた。そこで、デジタル教科書の「朗読」機能を活用して朗読を聞き、自分の音読と比べることで正しい

イントネーションで読めるようにしていった。

　子どもたちの「どのように読んだらいいのか？」という音読の迷いを、この「朗読」機能は見事に解き、その効果を発揮した。

　そして、短歌や俳句を例にして五音と七音の言葉が多く使われていることに気づかせ、次のような課題を出した。

③　なぜ、五音と七音の言葉が使われているのだろう？

　五音・七音の言葉で構成される原因を探ることへと授業を進めていった。そして、これまでの文語調の学習や短歌・俳句の学習内容を活用した子どもの発言から、「日本語は、二音と三音の言葉が基本となって、この音数の組み合わせでできている」ということを共通理解した。

　しかし、この具体的な内容を理解させなければ、本来の意味を理解するということにはつながらないと考え、「春の七草」を例に、その具体的な理解へと進めていった。

④「春の七草」の名前

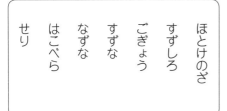

まず、いきなり「ほとけのざ」という言葉だけを提示して、「これは、なんだろう？」と問うてみたが「春の七草だ」と言う声も上がるが、その反応は様々であった。

　そこで、全員で音読し全員が読めるようにした。本来ならば、それぞれの植物の名前と具体的な植物を取り上げるべきだろうが、ここでは、五音・七音の秘密を知ることが目的なので、どのような植物であるのかについては取り上げなかった。そして、それぞれの名前の音数にその関心を向けさせるために、次のような画面を提示した。

⑤マス目を加え音数を表示

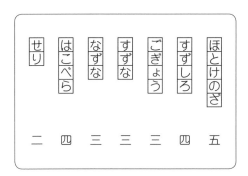

せり	はこべら	なずな	すずな	ごぎょう	すずしろ	ほとけのざ
二	四	三	三	三	四	五

　名前だけを提示したものにマス目を重ねて、音数の違いが明確になるようにし、それぞれの音数に子どもたちが注目できるようにした。それぞれの言葉が、二音と三音でできていること、さらには、四音・五音もあることをとらえさせた。

　二音や三音の組み合わせで、当然、偶数である四音の言葉もできることに気づかせ、この偶数となる言葉を五音や七音にするために、「助詞」や「切れ字」がくっつくことをとらえさせ、「助詞」や「切れ字」の役目に気づかせていった。

⑥「五七五　七七」のリズム

　「春の七草」の音数から、二音・三音・四音・五音から、様々な組み合わせを作り、五音や七音の言葉を作ってみた。組み合わせによって、言葉のリズムが違ってくることに気づかせた。例えば

　「せり」＋「ほとけのざ」＝「せりほとけのざ」

というように二音＋五音で七音ができ、

　「なずな」＋「はこべら」＝「なずなはこべら」

というような三音＋四音で七音ができるという組み合わせを考えさせていった。

　そして、この組み合わせを使って、短歌のリズムで表現できることを⑥の画面でとらえさせていった。

　さらに、マス目を加えることによって、その言葉の音数をとらえやすくした。

　すると「せりなずな」で五音「ごぎょうはこべら」で七音、「ほとけのざ」は五音のそのままで、「すずなすずしろ」は三音と四音の組み合わせで七音を作って、五・七・五・七というリズムを完成させた。

　これを音読することで短歌のリズムに近いことを感じた。完璧な短歌のリ

ズムにするために、最後に七音となる「これぞ七草」とい
う言葉を入れて、さらに音読しやすいようにしてみた。

⑥

せりなずな　ごぎょうはこべら　ほとけのざ
　　すずなすずしろ　これぞ七草

せりなずな　ごぎょうはこべら　ほとけのざ

すずなすずしろ

このように整理することで、短歌のリズムを刻んで、子
どもたちは小唄のような感覚で口ずさむこととなった。
　言葉は、二音・三音が基盤となり、これが様々な組み合わ
せや助詞や切れ字の働きを借りることによって、五音・七音
の言葉ができることを知る。そして、このリズムが短歌・俳
句、それから百人一首等に使われていることを知るのである。
　さらに、この学習においては、五音・七音の組み合わせ
がいろいろなところで活用できることに気づかせるために、
「秋の七草」も付け加えた。

◆秋の七草
・くず（二音）　・はぎ（二音）　・おばな（三音）
・おみなえし（五音）　・ききょう（三音）
・ふじばかま（五音）　・なでしこ（四音）

この言葉で同じように五音や七音になるようないろいろな組み合わせを考
え、以下のようなリズムの言葉ができた。

はぎききょう　くずふじばかま　おみなえし
　　おばななでしこ　これぞ七草

⑨ 「問い」の解決を目指すための表現活動
～なぜ？どうして？を明確にするために表現する～

🔲 問題解決を求めて・・・・

　「考える」国語授業づくりにおいては、子どもの思考活動を重視している。この思考活動においては、子どもに問題意識を持たせることが必要である。そのためには、子ども自身が「問い」を持ち、その「問い」を解決していくという「問題解決学習」を授業像としている。

　子どもが学習の中で論理的に「考える」ことは、学習や教材に対して何らかの「問い」を持つことから始まる。この「問い」には、子どもの何らかの「こだわり」がある。この「こだわり」の強さが子どもたちの読みの意識の高さにもつながってくる。

　この「問い」に対する答えをそれぞれが予想し、それを表現し合うことによって、そこには「ズレ」が生じる。この「ズレ」を埋め合わせていくことが国語の問題解決学習と考えている。しかし、ここで問題にしなくてはならないことは、

　・どのような「問い」を持たせるか？
　・何を根拠として「問い」を解決させるか？　である。

　これらのことをもとにして自分の考えを持ち、その考えを互いに交流し合う活動で問いを解決していけるようにする。話し合う活動の中で、自分の考えの根拠を明確にした表現活動を目指していく。

🔲 実践例
ひみつはいくつ？
『ムササビのひみつ』

（1）実践の概要

①「問いと答え」の関係から細部を読む

　まずは、文章全体の中から問いの段落を探すことを通して大きなまとまりを見つける。すると、次の二つの段落を取り出すことができる。

◆ ②段落

　どうしてムササビは、あんなに自由に木から木へと飛びうつることができるのでしょうか。

◆ ⑩段落

　ところで、ムササビはどうして木の上でくらしているのでしょうか。

　この二つの問いの段落はほとんどの子どもがとらえることができる。そして、このそれぞれの問いに対する説明、答えのまとまりを探すこととなる。この活動においては、②段落の問いに対する説明、答えのまとまりは、③段落〜⑨段落と簡単に見つけることができるが、⑩段落の説明、答えのまとまりがなかなかとらえにくい。⑪段落までと考える子、⑫段落までとする子、さらには⑬段落までとする子と様々な考えが出てくる。この問題については、二つ目の視点としている「主語連鎖」を使って解決を図っていく。この活動については後に説明をしていく。

②隠された問いの段落をとらえる

　まずは、最初の③段落から⑨段落のまとまりについてその内容を詳しく読んでいくのであるが、この③〜⑨の段落のまとまりには、二つのまとまりがあることに気づかせる。その投げかけとして次のような発問をしていく。

・③〜⑨のまとまりに、問いの役割をしている段落はないか？

・③〜⑨のまとまりは、いくつかにわけることはできないか？

　この発問に対する答えとして⑧段落に着目することができる。

◆ ⑧段落

　しかし、これだけでは、ムササビが木から木へと自由に飛び回るひみつが分かりません。

　この段落の内容を読んでいくと、「しかし」という言葉によって、この段落の前の内容と後の内容の二つの内容が書かれていることに気づく。

　さらには、この⑧段落の文の後には、次のように問いの文を加えることができることに気づかせていく。

> 　しかし、これだけでは、ムササビが木から木へと自由に飛び回るひみつが分かりません。　**では、どのようなひみつがあるのでしょうか。**

　このようにして、⑧段落は二つ目の問いの段落としての役割を果たしていることに気づかせていく。

　すると、⑧段落の問いに対する答えの段落は⑨段落ととらえることができる。そして、②〜⑨の段落のまとまりは、次のような二つのまとまりになることを整理する。

> ◆ ②段落〜⑦段落のまとまり
> 　・前足と後足との間にあるまくによって飛ぶことができるひみつ
> ◆ ⑧段落〜⑨段落のまとまり
> 　・長い尾をかじのように使って、自由に飛び回ることができるひみつ

　このように⑧段落の隠された問いとしての働きに気づかせていくことによって、二つのまとまりを読むことができるのである。

　ここで大切なことは、「問いと答え」の関係で読んでいくためには、「隠された問い」の働きがあることをとらえると共に、「問い」の段落には、次のような３つの働きがあることをしっかりととらえておくことである。

◆「問い」の働き
　◎全体を貫く問い　◎部分のまとまりを表す問い　◎隠された問い

　また，ここでは二つのまとまりをとらえるのに重要なことがある。それは，最初の問いである②段落の「自由に木から木へと飛びうつることが〜」の中に見ることができる。

　この中の「飛びうつる」という複合語に着目すると，この言葉は「飛ぶ」と「うつる」という二つの内容を含んでいる。この「飛びうつる」という言葉の内容を細かく読んでいくことによって，この問いには，二つの問いが含まれていることが読み取れるのである。

　そして，「飛ぶ」ことについてのひみつの説明は，②段落から⑦段落の内容となっていて，「うつる」の内容については，⑧〜⑨の段落の内容となっている。

　よって，前述したように②〜⑨の段落の内容は，二つのまとまりとしてとらえることができるのである。

③主語連鎖によって読む

　３つ目のまとまりを読むために，⑩段落の問いに対する説明，答えのまとまりを見つけることによってひみつを探っていく。

　前述したように，このまとまりを見つけるときに問題となるのが，⑪⑫⑬段落のどこで区切るかという問題である。このような問題は，説明文のまとまりを見つける学習においては，よく問題となる。迷いが生じるのは，書かれた内容だけで判断しようとするからである。この問題を解決するために「主語連鎖」を活用していく。

　まず，⑩段落〜⑭段落においてそれぞれの主語，あるいは何について書かれているか？を見ていく。すると次のようになる。

・⑩段落・・・・「ムササビ」　・⑪段落・・・・「ムササビ」

・⑫段落・・・・「ムササビ」　・⑬段落・・・・「ムササビ」

・⑭段落・・・・「自然の中にいる動物たち」

　というような内容となる。これによって、⑩段落の問いに対する説明、答えのまとまりは、「ムササビ」というまとまりと「自然の中にいる動物たち」というまとまりによって⑪段落〜⑬段落と明確になってくる。そして、このまとまりに⑩段落の問いの内容である「なぜ、木の上でくらしているのか？」の問いに対する説明、答えが書かれていることがわかる。

　このように問いと答えの関係で読んでいくことで、最初の題名から生まれた問いの答えも次のように整理することができる。

◆どんなひみつがいくつ説明されているか？

　◎飛ぶためにまくがある。

　◎飛び回るために長い尾がある。

　◎安全のために木の上で生活する。

　という３つのひみつが書かれていることをこの第２段階の読みで解決することができる。

10 「思考〜判断〜表現」という 思考過程を重視した表現活動
〜どのように結論を出したかを表現する〜

言語活動の充実をどう図るか

　一般的に言語活動というと「話し合う」「新聞を書く」「読む」等の活動がイメージされてしまう。これらの活動は確かに言語を活用した活動ではあるが、このような取り上げ方をしてしまうと、活動そのものがクローズアップされてしまうような気がする。

　言語力育成を目的とした言語活動においては、その活動によって、どのような言語力を育んでいけばいいのかを重要視しなければならないと考える。

　言語力を育む授業において、重要な活動は「考える」という思考活動である。この活動がなければ、活動だけを楽しむことになり、言語力の育成にはつながっていかないと考えている。

　子どもたちが授業の中で、どのような思考をしていけば「考える」授業となるのか、その具体を明確にしなければ、理念だけの教育で終わってしまい、子どもたちの「言語力」向上は望めないであろう。

　国語の授業において、子どもたちが「考える」思考活動に積極的に取り組み、言語力を身につけていくためにはその土台が必要となる。その土台を「用語」「方法」「原理・原則」の３つの力と考えている。子ども自身が解決したい「問い」を持ち、この３つの力を活用して思考し、判断し、表現できるようにすることが思考活動を重視した言語活動となると考えている。

思考活動としての言語活動

　言語活動という言葉ですぐにイメージするのは、書く活動をさせようとか、

話し合いをさせようという活動になる。しかし、このような考え方では、活動そのものが先行してしまい、活動あって学び無しという事になってしまいそうである。言語力育成における言語活動を次のようにとらえている。

> 言語活動とは、言葉を活用して論理的に思考し、その内容を自分らしく表現するという思考の過程である。

「言葉を活用して論理的に思考する」という言語活動においては、「用語」「方法」「原理・原則」を基盤として論理的に考えることを基本としている。そして、その考えをさまざまな表現方法を使って、自分らしく表現していくことである。

原理・原則を活用し、様々な読みの方法を使って、自分の読みを作り上げ、その読みをいろいろな用語を用いて、自分の思考を表現するという一連の思考過程を言語活動ととらえている。

また、言語活動においては、他のものと比較するという比較思考をさせていくことが重要であると考えている。

このような思考活動がさまざまな活動の中で行われてこそ、論理的に「考える」という言語活動の授業になると考えている。

思考～判断～表現に向かう子どもの姿 ①

『つり橋わたれ』を学習した子どもが次のような日記を書いた。

> お話の面白さの中に、ファンタジーがあります。ファンタジーとは不思議なことが起こるお話です。
>
> 私は、ファンタジーが大好きです。現実には起こらないことが、本当のように起こるところが、突然不思議な世界に吸い込まれてドキドキわくわくするからです。

　「つり橋わたれ」で、ファンタジー作品には、入口と出口があること
を習いました。
　私の大好きなファンタジー作品に「きつねの窓」（安房直子）という
お話があります。
　「きつねの窓」は、不思議な世界の入口と出口がよく分かります。そ
して、私には、お話が深い青色のイメージがあります。
　入口は、中心人物が山道でまよって、青いききょうの花畑に来たとこ
ろです。そこから、きつねのあいぞめのお話になって、ずっと青色の世
界に入った気がします。
　「くじらぐも」でも、私は青いイメージがあります。空の明るくてき
れいな青です。
　でも「きつねの窓」の青色は暗くて悲しいイメージです。だって、死
んだ人が出てくるお話だからです。
　出口は中心人物があい色にそめた指を洗ってしまうところです。とた
んに青色の世界が消えてしまったようで、ざんねんな気持ちになりまし
た。
　私は、「きつねの窓」の、死んだ人に会える、悲しいけれどうれしい
不思議な世界と、青色の世界が大好きです。

　このように比較すると、こういう思考が自然な状態で生まれてくる。する
と、表現内容が論理的になり豊かになる。子どもが「用語」「方法」「原理・
原則」を活用して自分らしく表現していく。これが子どもたちにとって一番
望ましい思考ではないかと思う。こういう思考を働かせることによって、子
どもたちが論理的になっていく。いかにこういう思考過程を組むかというこ
とが大事になってくる。

💭 思考〜判断〜表現に向かう子どもの姿 ②

3年生の5月の連休に、男の子が次のような詩を書いてきた。

> こ　い
>
> 進め進め　前に前に
> 大きな口を　ぱくぱく開けて
> 黒い頭を　がんがんあてて
> 川辺のこいが　きそってる
>
> まわれまわれ　ゆるりゆるり
> 大きなどうを　もりもりさせて
> 赤白せなかを　きらきら見せて
> お池のこいが　きそってる
>
> のびろのびろ　つよくつよく
> 大きな目玉を　ぐるぐるさせて
> 親子で体を　ひらひらさせて
> お空のこいが　きそってる

という三連の詩である。リズムもくり返され、比較思考からの心が見事に表現されたものである。自分の中でいろんな思考をしてこの作品が生まれた過程を、次のように日記に表現している。

> 5月3日
>
> 　今日はゴールデンウィーク中に出された宿題をしました。
>
> 　まず、最初に何について書こうか考えました。身近な物から探そうと思いました。そして、ふと横を見るとお父さんの手があったので、手の特徴を並べてみました。けれど、比べる物がなく連の構成が難しかったのでやめました。
>
> 　そして、最近多摩川で一番印象に残ったこいの大群のことを書くことにしました。その中で一番書きたかったことは、春になってこいが活発に動き始めたことです。また、空を見ると今こいのぼりが元気よく泳いでいます。公園に行ってみると池にもこいがいました。それぞれのこい

の特徴を並べてみました。そうするとそれぞれ住んでいる場所で、こい
の動きや体が違うことに気がつきました。それらを比べることを詩にす
ることにしました。

　このように比較思考が行われている。その比較から、似ているところ、違
うところが出てくる。さらに、次のような技法と効果を活用した工夫が表現
されていた。

　同じリズムの言葉や擬態語を考えました。そして、動詞を二回くり返
し、前において勢いをつけたり、「何が？」と疑問を浮かばせることに
しました。最後に読んでみて、読みやすいように４・５行目の最後の音
を同じにしました。詩を書くのは難しいけど、何かを書きたいという気
持ちがあれば、書きやすくなりました。そして、リズムをそろえたりし
て、ぼくは楽しく詩を作ることができました。

　この作品が生まれるまでに自分が何をどのように考え、表現したのかとい
う、まさに「思考〜判断〜表現」という思考活動をした姿がわかる。

3 授業の**実際**

---

1 単元名 ～部分要約をする～

『「落ち葉」ではなく「落ちえだ」』（学校図書４年下）

---

2 活動 ～「問い」に対する「答え」を書く～

10のポイント⑦ 「表現するための「内容」を持たせた表現活動」

---

3 単元について

　本単元では、「表現するための「内容」を持たせた表現活動」を行った。その表現活動として、文章の「要約力」をつけるための指導に焦点化した実践である。

　「要約」指導においては、「要約」という言葉の定義をきちんと子どもたちに持たせ、「要点」「要約」「要旨」という言葉の区別ができ、そして、それぞれのまとめ方の方法をきちんと身につけさせることが重要である。

　「要約」は文章全体をまとめたものを意味している。物語で言えば「あらすじ」と同じである。４年生のこの段階でいきなり全文要約を子どもたちに求めるのは無理がある。そこで、「部分要約」から「全文要約」へと、段階を踏んだ指導をしていきたいと考えた。そして、「部分要約」を子どもたちに指導するには、以下のような本教材の特徴が効果的であると考えた。

◆教材の特徴

・「問い」が二つあり、その問いに対する答えと説明が明確に構成されていて、二つの大きなまとまりをとらえやすい。

・問いに対する答えが直接的に表現されないで、いくつかの段落をまとめなければ答えを導き出すことができなくなっている。

・いくつかの段落から答えを導き出すときに、答えが直接的に書かれてい

ないため言葉を「置き換える」という思考が必要となる。

・二つの問いに対する答えをまとめる「部分要約」ができれば、それを活用して「全文要約」へと向かうことができる。

　以上のように「全文要約」に向かうための「部分要約」が、この学年の発達段階からも指導しやすくなると考えた。本時においては、二つの「問い」に対する「答え」を表現することを「部分要約」と考え、「置き換える」という思考活動を入れた表現活動を目指した。

4 単元の流れ

1、第1段階　〜共通の土俵をつくる〜

◆題名から比較を読む

　題名から「落ち葉」と「落ちえだ」の比較をとらえる。

◆段落のまとまりは？

　14段落構成の文章はどんなまとまりがいくつできるか？

　段落構成をとらえ、説明内容の大体を読む。

2、第2段階　〜内容の読みと関連させて問いの解決を図る〜

◆問いの段落からまとまりをとらえる

・①段落の問い「どうして同じようなえだが落ちているのでしょう。」
　②〜⑩段落の答えと説明のまとまりをとらえる。

・⑪段落の問い「では、なぜ「落ちえだ」現象が見られるのでしょうか。」
　⑫⑬段落の答えと説明のまとまりをとらえる。

◆それぞれの問いに対する答えを書く

・答えに必要な段落を探す。

・それぞれの段落から答えとして必要な言葉を取り出して答えをまとめさせ、検討する。

・問いと答えのつながりがいいのか、文末表現に着目させて問いと答え

の照応を確認する。

3、第3段階　〜「全文要約」をし筆者の思いを読む〜

◆筆者の主張を読む

　・⑭段落から筆者の主張をとらえさせる。

　・「落ち葉」と「落ちえだ」の比較から筆者の思いをとらえさせる。

　・問いに対する答えから筆者の思いをとらえさせる。

◆「全文要約」をする

　・⑭段落の筆者の主張から書き出すという「逆思考」で表現させる。

　・二つの問いと答えのまとまりの目的を考えさせて、筆者の意図をとらえさせる。

　・⑭段落と、二つの問いと答えを関連付けて表現させる。

5 授業の解説

（1）音読する　〜内容の大体をとらえる〜

　内容の大体をとらえることを目的として全文音読をする。

　14 の段落を分担して音読させ、全員が内容をとらえられるようにする。

（2）題名を読む　〜比較されていることをとらえる〜

　文章の内容を読む観点として、比較されていることをとらえさせる。そのため、題名にある「落ち葉」と「落ちえだ」という二つの言葉からその違いを考えさせて、大体の内容を把握できるようにする。

（3）問いを探す　〜問いを把握する〜

　以下のような二つの問いの段落をとらえ、さらには次のような問いの一文をとらえさせる。

◆ ①段落

> どうして同じようなえだが落ちているのでしょう。

◆ ⑪段落

> では、なぜ「落ちえだ」現象が見られるのでしょうか。

問いの段落から問いの一文へと問いの焦点化を図っていく。

（4）問いに対する答えの段落を探す　～答えの内容を把握する～

それぞれの問いに対する答えの内容を段落番号でとらえさせて、答えを表現させていく。

◆ 問い1に対する答えの段落として次の内容をおさえる。

・⑨段落

「こうして、コナラやクヌギには、「落ち葉」だけでなく、「落ちえだ」という現象があることが分かりました。」

・⑩段落

「「落ち葉」では、葉のつけ根で水分や養分の行き来がなくなり、葉がかれて落ちますが、同じようなことが、えだのつけ根でも起こっていたのでしょう。」

・⑫段落

「コナラやクヌギには、春になるとどのえだ先からも新しいえだが、二から四本出てきます。つまり一年でふえる小えだは相当な数です。もし、小えだが毎年毎年、落ちずにふえていったとしたら、えだがどんどんこみ入ってきて、大変なことになります。でも、実際の木のすがたはすっきりしています。ということは、日当たりなどのじょうけんが悪く、栄

養がいきわたらなかったえだは、自然にかれるのでしょう。」

　以上のような内容が出てきてしまうが、問い１の文を教師が読み、子どもたちに⑨⑩⑫段落を続けて読ませ、問いと答えが照応しているかを確かめさせると⑨⑩段落に答えがありそうで、⑫段落は答えにならない事に気づく。

　そして、⑨⑩段落を取り上げ、⑨段落の「「落ちえだ」という現象」という言葉と、⑩段落を合わせて表現していけばいいことに気づかせる。

◆⑩段落の言葉の置き換えに気づかせる。

　⑩段落の前半は「落ち葉」の仕組みで、後半は「落ちえだ」の内容であり、「同じようなことが」の言葉によって言い換えられていることに気づかせ、「「落ち葉」では、葉のつけ根で水分や養分の行き来がなくなり、葉がかれて落ちます」の「落ち葉」を「落ちえだ」に置き換えさせ、「葉」を「えだ」に置き換えさせて・・・

　「「落ちえだ」では、えだのつけ根で水分や養分の行き来がなくなり、えだが落ちる」　というように書き換えさせることで答えを表現できるようにして、以下のように問い１の答えを表現させる。

> 　えだのつけ根で水分や養分の行き来がなくなり、えだがかれて「落ちえだ」という現象が起こっていたからです。

　そして、問い１を教師が読み答えを子どもたちが読んで、問いと答えの照応を確認する。特に文末表現に注意させる。

◆問い２に対する答えの段落として次の内容をおさえる。

答えの段落として、前掲の⑫段落と次の⑬段落を取り上げる。

◆ ⑬段落

> 　つまり木は、自らをせん定して、最良の樹形を作っていたのです。

◆⑫段落の内容を検討して答えの内容を考えさせる。

⑫段落を次のような文に分けて、答えに必要な文を取り出させる。

1文目・・・コナラやクヌギは、春になるとどのえだ先からも新しいえ
だが、二から四本出てきます。

2文目・・・つまり一年でふえる小えだは相当な数です。

3文目・・・もし、小えだが毎年毎年、落ちずにふえていったとしたら、
えだがどんどんこみ入ってきて、大変なことになります。

4文目・・・でも、実際の木のすがたはすっきりしています。

5文目・・・ということは、日当たりなどのじょうけんが悪く、栄養がい
きわたらなかったえだは、自然にかれるのでしょう。

以上の5文から、答えの内容になりそうな5文目を取り上げて答えの内容
として表現させた。さらに、⑬段落の内容を付加させることで次のような答
えをまとめた。

> 日当たりなどのじょうけんが悪く、栄養がいきわたらなかったえだが、
> 自然にかれて、自らをせん定して、最良の樹形を作るためです。

問い1と同じように問いと答えの照応を確認するために音読した。

（5）3段階の全文要約として次のような内容をとらえさせる。

> 筆者は冬の雑木林は、どうしてきんいつに分け合った美しいすがたを
> しているのかを考えた。そして、それはえだのつけ根で水分や養分の行
> き来がなくなったえだがかれるという「落ちえだ」現象が起こるからだ
> と説明している。
> さらに、この「落ちえだ」現象は、木が自らをせん定して美しいすが
> たを保つためだと述べている。

第 Ⅱ 章

中学年の表現力を育む授業
理科

佐々木昭弘

① 理科における表現力とは？

1. 小学校「理科教育」の現状

（1）教師の理科離れ

　今、理科が不人気である。子どもに不人気なのではない。教師に不人気なのである。おそらく、担当したくない教科ナンバーワンだと思う。深刻なのは、「教師の理科離れ」なのである。

　理科が嫌いな教師に話しを聞いてみると、その理由ははっきりしている。

　まず、「面倒」と言う。担任の教師はとにかく忙しい。理科の授業は、実験の準備、後かたづけもしなければならないわけで、とにかく面倒くさい。

　次に、「難しい」と言う。理科が苦手教科だという女性教師は、不思議に多い。まして、赴任した学校に理科専科がいる場合、指導から離れてしまうことになり、理科に関する記憶や知識はますます薄れることになる。

　そして、「汚い」と言う。最近、虫に触れない若い教師が多い。そうなると、青虫やメダカの飼育、さらに、植物の栽培は、やっぱり気が重い。

　最後に、「怖い・危険」と言う。高学年の理科授業ともなると、塩酸や水酸化ナトリウムなどの危険な薬品を扱わなければならない。腰が引ける。

　これら「面倒・難しい・汚い・危険」の頭文字をとって、教師の理科離れの理由を「２Ｍ２Ｋ」と私は名付けた。

　ところが、その一方で、理科の研究に継続的に取り組んでいる教師がいる。私もその中の一人なのだが、およそ次のようなタイプに分類される。

◆「学習指導要領」崇拝型
　『学習指導要領解説』を熟読し、いかに正しく読み取って授業改善するかに全力を注ぐ。目の前の子どもの実態や自分の課題よりも、教科調査官の言葉が絶対と考えている。
◆「流行キーワード」飛び付き型

「読解力」「言語力」「活用」等、文部科学省から出てきたキーワードに敏感に反応する。自分の授業にとって本当に必要かどうかは関係なく、とにかく新しいことを取り入れること自体が目的となる。

◆「自作教材」マニア型

教科書なんて使わない。教材のオリジナリティーを極めようとするオタク的な存在で、周りの教師はついていけない。そして、授業の進度は遅れがち。

　正直言うと、このすべてのタイプを私は経験してきた。そして実感したのは、理科を研究する上で必ず通らなければならない過程だったということである。学んだことは実に多かった。

　平成２７年には、理科の学力調査が悉皆で実施された。（３年に１回）しかし、対象学年である理科の指導担当者や、理科を専門とする教師、そして管理職以外の教師にとっては“どこ吹く風”である。

　しかし、である。条件付きとはいえ、文部科学省が学力調査の結果を公表することを認めたということは、その学校の一部の教師が理科の調査結果の責任を背負うことになりかねない。

　これまで悉皆で学力調査を実施してきた国語科や算数科は、１年生から６年生までの担任が指導するのが基本である。だから、学力調査の結果責任は分散されるものの、多くの教師の問題意識を高める結果となったことは間違いない。事実、日本中の理科の研究校は激減し、校内研究の教科として国語科や算数科を取り上げる学校ばかりとなってしまった。驚くべきことに、理科を全く指導したことがないという中堅教師も少なくない。

　これでは、理科で「表現力」育成どころではない。

（２）問題解決学習の形骸化

　「問題解決学習」の形骸化が叫ばれて久しい。問題解決の形式ばかりが優

先され、指導に時間をかけた割には基本的な学習内容が習得されていないという指摘である。国内外の学力調査結果もあいまって、その声は大きい。

では、そもそも「問題解決学習」とはどのような「形式」だったのか、改めて調べてみた。

「問題解決学習」は、アメリカの教育学者であったデューイ（1859-1952）が提唱した学習の方法で、次の5つの段階で構成されている。

> ①問題把握の段階
>
> ②仮説を立てる段階
>
> ③検討を加え解決の工夫をする段階
>
> ④仮説を確認する段階
>
> ⑤仮説を検討する段階　　　　　**『理科教育用語事典』（教育出版）**

この5段階は、その後デューイ自身によっても変形されたが、その思考過程のパターンから学習過程のとるべき3段階（導入・展開・終末）が導き出され、現在の指導案の原型になっているという。

一方、ハンガリーの数学者G・ポリア（1887-1985）は、問題解決の過程を、次の4つの段階に分けて示した。

> ①問題を理解すること
>
> ②計画を立てること
>
> ③計画を実行すること
>
> ④振り返ってみること　　　　　**『算数教育用語辞典』（教育出版）**

この段階が基本となり、算数科における問題解決学習の基本的な流れ「課題把握→自力解決→練り上げ→まとめ」が一般化した。

一方、問題解決学習を“這い回る学習”として批判し、1961年に広岡

亮蔵氏が提唱した「課題解決学習」という学習法がある。教えるべき内容を疑問文の形にして課題として子どもたちに投げかけ、主体的かつ意欲的に解決させていくものだった。**参考：『新理科教育用語事典』（初教出版）**

　ところが、教えるべき内容を課題として教師が与えるがゆえに、子どもの主体的な問題として受け止めにくい表現の発問が投げかけられるという問題が指摘された。そのため、投げかける課題は、子どもたちの学びの過程で教師が見いだし、何段階かに分けて提示するという配慮が必要であった。

　つまり、「課題解決学習」とは、様々な問題を抱えていたものの、対極的な位置関係にあった「系統学習」と「問題解決学習」が持つそれぞれのメリットを融合させることを意図して提唱された学習法といえる。

　『学習指導要領解説総則編』には、「各教科等の指導に当たっては，体験的な学習や基礎的・基本的な知識及び技能を活用した問題解決的な学習を重視する」とある。ここでの「的」とは、「そのような性質を持ったもの」という意味であり、デューイ、ポリアいずれの「問題解決学習」も、そして広岡亮蔵の「課題解決」も含め、日本の教育研究の中で修正・変更・合体を繰り返しながら現在に至っていることを示している。

　考えてみれば、問題解決の過程を、一つだけの展開で語ることはできないのは当然のことである。「総合的な学習の時間」の目標に示されているように、「自ら課題を見付け、自ら学び、自ら考え、主体的に判断し、よりよく問題を解決する」ことが「問題解決学習」の本質であることは確かである。しかし、「課題を見つける」「自ら学ぶ」「自ら考える」そして「主体的に判断する」ことの具体的な方法が実に多様であることは、私たち大人が経験している通りである。さらに、「ああすればこうなる」と単純にはうまくいかないことも多い。だからこそ、状況を的確に判断し、フレキシブルに対処することが要求される。

　「問題解決学習」であっても、実際の授業の流れは多様に変化する。それが自然である。固定された「問題解決学習」の形式に囚われる必要はない。

「問題解決学習」を、多様な「問題解決的な学習」の総称と考えればよい。

（3）話型指導の形骸化

　理科室の壁や掲示板に、次のような内容が書かれたカードを見かけることがある。「わたし（ぼく）の考えは ‥‥ です。わけは ‥‥ だからです」「例えば ‥‥」「○○さんに付け足します」「□□と△△を比べると ‥‥」等々。

　これらは、「話型」と呼ばれる。形式に言葉を当てはめて繰り返し表現させることで、授業中における子どもたちの発表力を高めると共に、より深い思考を促そうとするものである。昔から行われてきた指導の一つだが、「言語力」育成が叫ばれている今、この「話型指導」を理科授業にも導入する学校が増えてきた。

　しかし、これまでの「話型指導」を顧みたとき、その導入には様々な問題が含まれていることを、私たち教師は自覚しなければならない。

　休み時間、子どもたちは友達同士でよくしゃべる。そして、自分の考えを相手に伝えようとする。そんな時の子どもの言葉を聞いてみると、わたしたちが子どもたちに求める話型のほとんどを、既に子どもたちは獲得していることがよくわかる。

　特に、子ども同士が口喧嘩しているときに、その姿は如実に現れる。

　「ぼくは悪くない。だって〜 ‥‥」**（理由）**

　「どうしてわかんないの！例えばね〜 ‥‥」**（事例）**

　「もしも君の言っていることが正しいとしたらさ〜 ‥‥」**（仮定）**

　このように、日常生活の中のリアリティーある問題解決場面では、子どもは巧みに様々な話型を使いこなしているのである。

　にもかかわらず、子どもたちが貝のように押し黙ってしまう授業を、これまでたくさん見てきた。もちろん、自分にもそういう授業をした経験がある。まるで、スイッチを切られたかのように押し黙ってしまう子どもの姿を見る度に、現在広く行われている「話型指導」が、本来の目的をほとんど達成で

きていないような気がしてならなかった。

　教師は、話型というフォーマットを子どもに与えれば話せるようになるだろうと考える。しかし、ここが間違いである。

　授業研究会の協議会を、話型を使って話してみるといい。話しづらくて仕方がない。それは大人だからと考える方もいらっしゃるかもしれない。しかし、子どもの口喧嘩の様子からわかるように、子どもたちは「話せない」のではなく「話さない」のである。だから、子どもたちの問題意識が高まり、いざ話そうとしたとき、教師が良かれと思って使わせている「話型」が邪魔になる。

　担任している子どもたち（４年生）に、話型を使って発表することを要求したことがある。その次の日、女の子たちが集団で私のところにやってきた。

「先生、あの話型をやめてください。」

「どうして？」

「あれを使って話そうとすると、考えられなくなっちゃうんです。」

　私たちの「話す」という行為は、即興的表現に近い。日常生活の中での会話、会議での発言 ‥‥ 等、いずれも台本はない。その時の状況を咄嗟に判断し、無意識に言葉を選んで表現しているという感覚である。

　一方、「書く」という行為は違う。文章には、「頭括型」「尾括型」「双括型」、そして「起承転結」等、様々な型がある。あらかじめ考えていたことを、決められた形式（入れ物）に言葉を落とし込むからこそ、試行錯誤しながら深く考えて表現することができる。文章に「型」は不可欠である。

　では、これからの「話形指導」はどうあるべきなのか、本校算数部の田中博史氏からヒントをいただいた。

　授業の話し合いの場面で、ある子が「例えば〜」という表現をつかったとする。それを教師が褒める。そして、今の話し方がどうして良かったか、その理由を説明する。すると、その話し方を真似する子が出てくる。教師はまた褒める。そして、真似する子がどんどん増えていく。

　このように、この話型を多くの子どもたちが使えるようになったとき、「型」として教室内に掲示すればいい。つまり、話型から子どもの事実をつくるのではなく、子どもの事実から話型をつくっていくプロセスなら意味があるというのである。

　子どもたちの話し合う必要感が高まっていないにもかかわらず、型を優先した「話型指導」は必ず形骸化へ向かう。そして、表現力育成の可能性を摘んでしまうリスクもある。

　子どもの事実から話型をつくる指導を表現力育成につなげていくためには、自ら子どもが解決したいと思うリアリティーある問題解決場面に、子どもたち一人一人を立たせることである。

2.　理科で鍛える科学的な「表現力」とは

（1）「言葉」と「認識」の関係

　右の図は何か‥‥と尋ねられれば、「ウサギ」あるいは「鳥」とほとんどの人は答える。しかし、鳥は見えるが、ウサギがなかなか見えない人がいる。そこで、「ここが口で、ここが耳ですよ」と、観察の視点を示すと、「あ〜！」と、今まで見えなかった

ウサギが見えてくる。しかし、ウサギという動物を見たことがない人には、当然のことながらウサギを認識することができない。

　この事実は、私たちがこれまでの生活経験や既存の知識をもとに対象を認識していることを意味している。つまり、観察の視点を共有していなければ、学習の対象となる自然事象を認識し、切り取ることができない。

　理科学習で観察の対象となる自然事象は、極めて雑多な情報の中にかくれている。たとえ同じものを観察していたとしても、子どもによってその認識

は様々ということになる。子どもが指摘する観察事実は、これまでに獲得した知識・理論が前提として見えているわけで、「真っ白い心」で対象を見ても、"あれども見えず"となる。これを、科学哲学者のN・R・ハンソンは、「観察の理論負荷性」と呼んだ。〔**表現力育成10のポイント～低学年編～**』P 74 参照〕

おもしろい話がある。

虹を日本人は7色に分ける。ところが、世界では6色、5色、4色、3色と、日本より少ない言語も世界にはある。それは、色を表す言葉の種類に依存する。例えば、藍色に当たる英語はない。そうなると、虹は当然6色として切り分けられる。ここで思う。言葉がないだけで、日本人の言う藍色が見えているのだろうか。実は、見えていないのだそうだ。

北方民族であるイヌイットは、雪や氷の白さを表す言葉がたくさんあるという。しかし、日本人には、その色の違いが認識できない。イヌイットの子どもたちは、実際に目にした雪や氷の色と、親が発した言葉とをつなぎながら、目からとどいた微妙な信号の違いを認識できる脳を鍛えていくのだろう。

つまり、言葉が認識を生み、言葉が概念をつくると言える。その意味で理科とは、様々な自然の事物・現象を他者と共有できる言葉で表現できるようにすることを目的とした教科とも言えなくもない。

自然の事物・現象（事実・具体）と科学的な知識・理論（抽象）の間を、言語を媒介として行き来しながら、自分の理論を他者と共有できる言葉で表現できるようにすることが、今回の改訂で「理科の目標」に付け加えられた「実感」の本質であると考える。

観察・実験に代表される直接経験が、理科教育で大切であることは間違いない。しかし、経験さえすれば学習内容を正しく理解し、科学的な見方や考え方が養われるかというと、そう簡単にはいかない。

たとえ自然の事物現象を扱う理科であっても、子どもたちは、「言葉」を遣っ

て話し合い、「言葉」を遣ってノートに記録する。「言葉」がなければ、子どもたちは情報を共有することもできなければ、自分の考えを顕在化させていくこともできない。そう考えると、「本当は理解しているのだが、表現力がないから書けない（話せない）だけだ」などというのは、誤った評価観と言わざるを得ない。

（２）「事実」は理論を倒せない

4年『水の3つのすがた』の学習で、水を熱して沸騰させた時に出てくる泡の正体を確かめる実験をする。泡をビニル袋に集めると、最初は膨らむが、熱するのをやめると萎んでしまう。袋の中には水滴が残っている。その事実から、泡の正体は水蒸気だと子どもに気づかせる授業である。

ところが、子どもの解釈は単純ではない。ビニル袋につないだ漏斗に少し

もしもあわが空気だったら、火を消してふくろは…。

集めた水じょう気は、どうなるだろうか。

①ふくろをぺしゃんこにし、中の空気をぬいてから。水を熱する。

②ふくろがふくらんら、すぐに火を消す。

空気が残っていたために、袋は完全には縮まない。さらに、「温めれば空気のかさは大きくなって袋が膨らみ、冷やせば小さくなった袋が縮んだ」といった、学習内容の誤った適用による考えが子どもたちから出てくる。そうなると、ビニルの袋が萎んだからといって「泡は水蒸気だ」と結論付けるわけにはいかなくなってしまう。

　つまり、泡の正体が「空気」だと思っている子にとっても、「水蒸気」だと思っている子にとっても、共有しているはずの「事実」が確証となってしまうのである。子どもは、自分の理論に都合よく事実を解釈しているにすぎない。「事実」が子どもの理論を倒せないのである。

　事実の集積によって子どもの理論が創られるのではない。子どもが持っている理論によって初めて事実を目にすることができ、そして解釈されるのである。これまでの理論が、別な理論によって肯定・否定され、今まで見えなかった事実との照合を経て、これまでの子どもの理論を新しい理論へと変換させるのが授業である。

　事実によって子どもの理論を変えようとする指導観そのものに、今の理科教育の問題点があり、科学的な「表現力」が育たない要因がある。

（３）経験的推論は科学的な「表現力」を育てない

　５年『もののとけかた』で、食塩が水にどのように溶けているのかのイメージを図で表現させ、その記述内容を根拠に、水溶液の重さの変化（質量保存）を調べる学習を計画した。

　ところが、授業後の協議会で他教科の同僚から次の指摘を受けた。

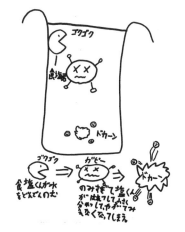

　「このような生活経験をもとにした擬人的表現を積み重ねたとしても、科学的な表現力が子どもたちについていくとは思えない。」

　「擬人的表現」とは、目の前の現象のみに適用できる姑息な解釈、あるいはその集団にしか伝わらない手法を使った表現を意味している。

　確かに、その場しのぎの経験的推論に依拠した表現による話し合いを積み重ねたとしても、理科教育でねらう科学的思考力は育たないだろう。その後

の学習で、さも科学的な手続きがとられているように見えても、そこでの理論は他の事象への適用ができず、事象ごとに新たな理論が必要となってしまう。身の回りの様々な事象を首尾一貫して説明できる科学理論とはならないのである。

　元愛知教育大学教授の遠西昭寿先生のわかりやすい解説がある。

　冷水を入れたガラスコップの外側に水滴がついた事実を観察した子どもが、「コップの中の水がガラスからしみ出している」という仮説をもったとする。その子は、どうしたら確かめることができるか、実験の方法を考える。そして、コップを傾けることで中の冷水を水滴がついていないガラス面につければ、そこにも水滴がつくはずだと予想した。さっそく実験しコップを傾けると、やっぱり新しいガラス面に水滴がついた。この事実をもとにこの子は、「ガラスコップの外側についた水滴は、中の水がしみ出したものだ」と結論づけた。

　この子の「学び」は、「事象観察→問題把握→仮説設定→実験計画→実験結果の予想→実験→実験結果の把握→仮説と観察事実の一致」といった、望ましい問題解決のプロセスを確かにたどって表現はしている。しかし、このような学びを蓄積することで科学的思考力が育つだろうか。

　「科学的思考力」とは、学習する集団が共有できる科学理論をつかって、様々な身の回りの事実を首尾一貫して説明できる力である。単なる推論の蓄積は、想像力、空想力を育てることはできても、「科学的思考力」を育てることはできない。

　思考には表現が伴う。そして、表現が思考を促すのである。

3. 科学的「表現力」育成 10 のポイント

　小学校「理科教育」の現状、そして理科で鍛える「表現力」について述べてきた。それらの問題を解決し、子どもたちの科学的な「表現力」を育成するためには、次の「１０のポイント」をもとにした指導の工夫が有効である。

① 「絵を比べて」表現する　〜観察の視点を明確化する〜

② 「グラフを言葉で」表現する　〜グラフの温度変化を３つに分けて言語化する〜

③ 「友達の考えを想像して」表現する　〜視点を他者に変えて話し合う〜

④ 「イメージ図で」表現する　〜「たとえ」をつかう〜

⑤ 「観察・実験しながら」表現する　〜「観察・実験」と「考察」の同時進行〜

⑥ 「答えを」表現する　〜「問題」と「答え」の整合性を図る〜

⑦ 「板書の言葉で」表現する　〜子どもの言葉を板書する〜

⑧ 「算数で学んだことをつかって」表現する　〜"データを活用"する算数と理科の連携指導〜

⑨ 「帰納的に」表現する　〜ミステリー型の問題解決的な学習〜

⑩ 「国語で学んだことをつかって」表現する　〜説明文フォーマットを活用した理科説明文の指導〜

　次章では、科学的な「表現力」育成のための１０のポイントについて、具体的な事例をもとに詳しく解説する。

　「１０のポイント」で示した様々な表現活動は、『表現力育成１０のポイント〜低学年編〜』の生活科の中で示したものと重なりがある部分がある。併せてお読みいただけると、生活科と理科との関連指導も見えてくるはずである。是非、生活科と理科との関連を意識しながら、科学的な表現力を育てる可能性を探っていただきたい。

　また、ポイントの⑧と⑩では、他教科（算数・国語）と連携させるための基本的な考え方と具体的な方法を示した。国語や算数は道具教科と言われる。つまり、国語や算数で学んだことを理科で取り上げ、理科というリアリティーある問題解決場面でその力を発揮させてこそ、子どもたちに生きてはたらく表現力が育成できるはずである。

　さらに、各ポイントの解説では、他教科の授業でも活用できるよう、教育技術についての解説も意識して盛り込んだ。様々な教科の授業力アップに活用してほしい。

1 「絵を比べて」表現する
～観察の視点を明確化する～

「絵を比べて」表現するために

（1）「知的リアリズム」と「視覚的リアリズム」

　幼児から低学年の子どもたちがかく絵の多くは、観察した対象を客観的に表現したものではなく、自分が知っていることや認識していることをすべて表現したものであり、「知的リアリズム」と呼ばれる。

　例えば、家族の絵をかくときに、住んでいる家をまるでレントゲンで透視したように表現することはよく見られることである。生活科でアサガオの観察日記でかく絵が、実際のアサガオとはかけ離れたものになってしまうのも、知的リアリズムの影響である。

　中学年から高学年にもなると、子どもたちがかく絵は、見たままを客観的に表現する「視覚的リアリズム」へと移行していく。そのため、動植物を観察し、その特徴を少しずつ正確に絵で表現できるようになっていく。

（2）絵と絵を比較させて認識のズレを表出させる

　ところが、知的リアリズムの傾向は児童期の中期・後期にも残っているのが普通である。また、直接に対象を観察したとしても、すべての子どもたちが認識を共有しているとは限らない。第1章で解説した "観察の理論負荷性" も加わり、右図でいうならば、ウサギと認識している子もいれば、鳥と認識して

いる子もいるのが普通である。

　さらに、観察の対象から一度離れてしまうと、その認識はかなりいいかげんなレベルとなる。ある有名芸能人の顔を思い浮かべてほしい。自分の頭の中には、かなり鮮明にイメージできるはずである。ところが、その顔をいざ絵にかこうと紙に向かった途端、そのイメージは不思議に消えてしまい、絵にかけなくなってしまう。

　つまり、観察事実を絵で表現するということは、児童期の子どもたちにとって、かなり難しいことなのである。だからこそ、観察事実を絵で表現させれば、そこには子ども一人一人の認識のズレが現れる。すると子どもたちは、自然に絵と絵を比較し始め、観察の視点を自らが表現することになる。

3年「自然の観察」
～チューリップって知ってる？～

　春、学校の花壇にチューリップの花が咲いてしばらくたったある日、子どもたちにチューリップの絵（土から上の見える部分）をかいてもらう。

　「簡単だ！」と口にしていた子どもたちも、実際にかき始めるとなかなか難しいことに気づき、自分の絵に自信がもてなくなってくる。しばらくすると、友達がどんな絵をかいているか気になり、キョロキョロ周りを見始める。

　自信がないながらもノートにチューリップの絵をかき終えた子から、教師にノートを持ってこさせ、黒板にも絵をかかせていく。すると、子どもたちは自分の絵と友達の絵、あるいは友達の絵同士を比べ呟き始める。

　「みんな本物のチューリップとは違うなぁ～」

　「あれ、葉っぱって2枚だよね？」

　「葉っぱにどんなすじがあったかな～？」

　そして、しばらくすると、1つとして同じものはないチューリップで黒板はいっぱいになる。

　ここで、次のように発問する。

　「残念ながら、ここに正しいチューリップの絵はありません。でも、本物に一番近いチューリップはあります。どれでしょうか？」

　子どもたちは、さらに絵と絵を比較しながら１つの絵を選ぶ。本物に一番近い絵はどれか、一つずつ挙手させて支持数を板書していく。

　支持数の少ないチューリップから、それを選んだ理由を発表してもらう。すると、次のような「観察の視点」が明確になっていく。

○花　・花びらは何枚か？
　　　・どんな形をしているか？
　　　・先はとがっているか？
　　　・花びらの中には何が入っているか？
○葉　・葉は何枚か？
　　　・どんな形をしているか？
　　　・すじはあるのか？（あるとすればどんなすじか？）
　　　・葉は茎のどこから出ているか？
○茎　・太さはどのくらいか？
　　　・長さはどのくらいか？
　　　・傾いている？　曲がっている？

　ここで、本時の解決すべき子どもたちの問題が明確となり、板書する。

問題　チューリップの体のつくりは、どうなっているか？

　ここまでくると、子どもたちは本物のチューリップを観察して確かめたく

なってくる。焦る子どもたちをおさえ、ノートにかいた絵に「観察の視点」に対する自分の考えを予想としてメモさせておく。

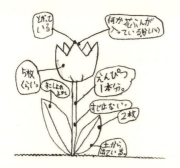
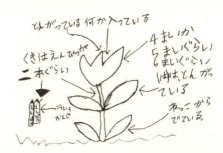

外に飛び出した子どもたちは、意欲的に観察する。すると、今まで見えなかったチューリップの本当の姿が見えてくる。そして、自分がかいた絵と本物の違いに驚く。この時こそ、子どもの知的好奇心が高まる瞬間である。

　子どもたちが特に驚くのは、葉にかかわる次の2点である。

●葉は2枚ではなく、たくさんついていること。

●葉は茎の根元だけではなく、茎の上にも互い違いについていること。

　子どもたちがかく絵は、視覚的リアリズムに近いものとなる。〔下図を参照〕

　ここで子どもたちは、新しい疑問をもつ。「他の植物の体のつくりはどうなっているか？」と。そして、その後の観察活動を通して、植物は種類によって、色，形，大きさなどの姿が違うことを実感していく。

　予想絵をかかせ、比較させることで「観察の視点」を子ども自らに表現させる手法は、「昆虫の体のつくり」でも応用可能である。

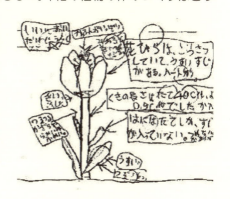

2 「グラフを言葉で」表現する
〜グラフの温度変化を３つに分けて言語化する〜

「グラフを言葉で」表現するために

（１）算数の授業との関連

　気温や水の温度変化を「折れ線グラフ」に表す活動は、理科では４年単元「１日の気温と天気」から始まるのが普通である。その後、同じ４年単元の「気温と生物」や「水の３つの姿」の単元でも行う。

　ところが、算数の教科書を見ていただくとわかる通り、「折れ線グラフ」を学習するのは同じ４年生なのだが、理科で折れ線グラフを使う単元よりもかなり後となる。そのため、算数で教えるべき内容を、多くの理科の教科書では先取りして解説している。（「重さ（ｇ・ｋｇ）」「体積」等）また、やむを得ず気温の変化を棒グラフで表すこともある。

●折れ線グラフ

　ぼうグラフの先の点だけをかき、点を直線で結んだ形のグラフを、折れ線グラフといいます。折れ線グラフは、気温などの変化の様子を表すのに便利です。
　⇨調べた結果を折れ線グラフで表してみましょう。

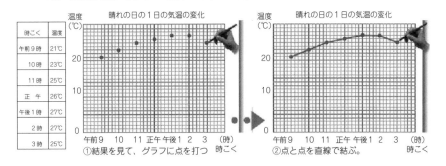

みんなと学ぶ小学校理科４年〔学校図書〕P18

しかし、教育課程は学校独自に編成できるのだから、折れ線グラフを扱う理科単元と算数単元を同時期に位置づけることができるはずである。子どもたちが理科の学習で実測した気温のデータを使って算数の学習をすることができれば、理科と算数科の横断的な指導が成立することになる。

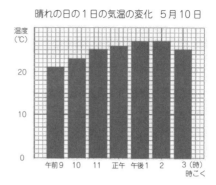

晴れの日の 1 日の気温の変化　5 月 10 日

（2）折れ線グラフの言語化

下の折れ線グラフは、晴れ、曇り、雨のときの気温の変化、さらに、1 日で天気が変化したときの気温の変化を記録したものである。

「それぞれ、どのように気温は変化していると言えますか？」

と発問し、細かい気温の変化を子どもたちに言語化させようとしたのだが、

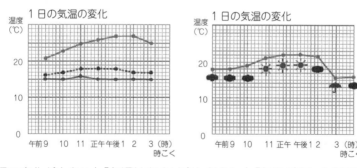

「気温の変化が大きい」「気温はあまり変わらない」「気温が高い」「気温が低い」といった大まかな変化を言葉で説明できたものの、「だんだん上がりにくくなる」や「急激に気温が下がる」といった細かい温度変化にかかわる表現を、多くの子どもたちはできなかった。

算数の授業で経験しているとばかり思い込んでいたのだが、算数科の教師に確かめてみたところ、算数の授業ではそこまで詳しく言語化させることは

ないとのことだった。

　ならば、算数科で学習してきたことをもとに、理科の授業ではリアリティーある問題解決の過程で、細かい温度変化を言語化させればいい。そうすれば、グラフを読み取る力（読解力）を高めることができるはずである。

≣ 4年「水の3つの姿」
≣ ～水の温度は、どのように変化するか？～

（1）水の温度変化を予想する

　温度の上昇に伴う水の状態変化を観察した後、水の温度変化を調べ、言語化する授業を設定した。

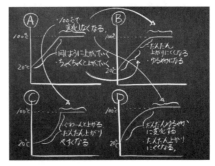

　まず、水がどのように温度変化するか子どもたちに予想してもらうのだが、ここでは子どもたちが比較しやすいサンプルとなるグラフを4つ示した。子どもたちに自由にかかせてしまうと、予想のグラフは多様化する上に、空想、想像が入り込み、根拠のある予想になりにくいからである。また、一つ一つの説明にも時間がかかってしまう。

　4つのグラフの中に正解があることを子どもたちに説明した後、それぞれのグラフをかいた人は、どのように温度変化すると予想したのか話し合う。
Ｔ：Aのグラフのここは、どのように温度変化していると言えますか？
Ｃ：だんだん上がっていく‥‥かな？
Ｃ：それは、どのグラフでも同じだよ。
Ｃ：じゃあ、同じように上がっていく‥‥かな？

　グラフを読み取った言葉を必ず板書しておき、実験結果の考察場面で子どもたちが言葉を取捨選択して表現できるようにしておく。

（2）実験して結果を記録する

　1分間隔で、水の温度を記録していく。子どもたちにグラフ用紙を配っておき、その場で折れ線グラフにしながら記録させていく。それと同時に、実験しながら黒板の表に記録させていき、教師はコンピュータ（Excel）に入力していく。

水の温度変化（あたためたとき）

	0	1	2	3	4	5	6	7	8	9	10
1班	20	32	49	66	80	93	96	96	96	96	96
2班	20	30	49	64	79	89	92	95	95	95	95
3班	20	30	48	62	77	90	95	95	95	96	95
4班	20	34	50	66	79	92	94	95	95	95	95
5班	19	28	43	56	70	81	92	94	94	94	94
6班	19	32	40	56	72	86	95	97	97	97	97
7班	19	33	49	65	78	91	95	96	96	96	96
8班	20	29	45	60	73	84	94	94	94	94	94
9班	20	35	50	67	82	90	96	95	95	96	96
10班	20	32	51	60	71	81	90	94	94	94	94

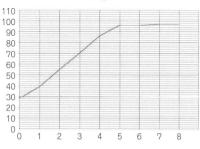

5 班

　実験が終わるのと同時に、各班の折れ線グラフができ上がる。結果は一つにまとまるかというと、そううまくはいかない。温度変化の様子は、班によって微妙にずれが生じる。

　子どもたちは、他の班と情報交換するのだが、AとBのグラフのどちらが正しいのか、子どもたちの考えは分かれることになる。

（3）実験結果をもとに考察する

　そこで、各班のグラフをコンピュータで重ねたものを子どもたちにプロジェクターで提示する。すると、水の温度変化の全体の傾向が見えてくる。正解は「B」である。

　水の蒸発が盛んになり気化熱を奪われるため、およそ90℃あたりで温度上昇は緩やかになる。

（4）考察したことを言葉でまとめる

　時間の経過とともに水の温度は変化する。そこで、温度変化の様子を３つに分けるとしたら折れ線グラフのどこで切るか、子どもたちに問う。すると、板書されているBのグラフを見な

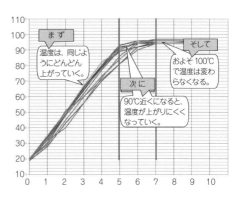

がら子どもたちは上図のように分け、温度変化の様子を板書されている言葉を使って表現する。

　さらに、「まず」「次に」「そして」というつなぎ言葉を使って文章として「答え」をまとめる。

答え　あたためると、水の温度は次のように変化する。

　まず、しばらく同じように上がっていく。

　次に、９０℃近くで温度は上がりにくくなる。

　そして、およそ１００℃で温度は変わらなくなる。

（5）冷やしたときの水の温度変化

　冷やしたときの水の温度変化は、あたためるときよりも班によってばらつきが大きい。しかし、同じようにグラフを重ねれば、温度変化の傾向は一目瞭然となり、グラフの言語化も容易にできる。

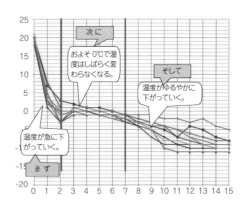

3 「友達の考えを想像して」表現する
～視点を他者に変えて話し合う～

☰「友達の考えを想像して」表現するために

（1）討論の弊害

　授業の導入部で、子どもたちの予想がいくつかに分かれることがある。それぞれの考えの根拠を発表し合い、時に討論となる。

　ところが、討論の中で子どもたちが主張する話の内容をよく聞いてみると、相手を何とか説得しようとするあまり、空想・想像・屁理屈のオンパレードになってしまうことが少なくない。そうなると、「根拠のある予想や仮説」とはかけ離れたものとなってしまう。

　また、誤った考えを主張している子は、討論すればするほど、間違った考えを誤った理論で強化していくことになる。そうなると、観察・実験をして結果が出たからといって、授業の終末部分の短時間で自分の考えを変えろと言われても、そう簡単に子どもは納得しない。

　このような子どもの態度を、「科学的」とは呼ばない。実証性、再現性、客観性の条件に合わないからである。当然、科学的な思考力・表現力を育成することは難しい。だからこそ、様々な既習事項と結びつけた根拠のある話し合いこそ必要である。

（2）話を聞いていない子どもたち

　ところが、話し合いの時、子どもたちが友達の話をよく聞いているかというと、意外にそうでもない。自分と同じ考えの友達の話はまだ聞いているものの、自分とは違う考えの子の話はほとんど聞いていない。自分とは違った考えに対して関心がないからである。

そうなると、多様な考えを引き出そうと教師がいくらがんばっても、その後の子どもたちの追究意欲を高めることは難しくなってしまう。

（3）他者に視点を変える

① 自分とは違う考えの子の理由を考えさせる

そこで、自分の考えを明確にさせた上で、友達の立場に立って考えさせてみる。つまり、視点の変換である。自分とは違う考えの子の理由を想像させることで、子どもたちは「どうしてそう考えたのだろう？」と、友達に視点を換えて考えようとする。そして、自分の考えと比較し、多面的な視点で検討することになる。

② 友達の発表の続きを予想させる

どうしてそう考えたのか、自分の考えを発表している途中でストップさせる。そして、その続きを他の子に想像させてみる。

「Bくんは、この続きをどう話すでしょうか？」

発表の続きを他の子には聞こえないように、教師の耳元でこそこそ話をするなどすれば、他の子どもたちは続きをますます聞きたくなってくる。同じ考えの子も、「自分と同じかな？」と気になってくる。

想像した話の続きを発表させていくと、さらに多面的な視点で理由が集まってくることになる。

③ 友達の絵を解説させる

空気は圧し縮められるが、水は圧し縮められないことを、右のような図で表現させることがある。実際にかいた子に説明させることもあるが、

「この子は、どういう考えでこの絵をかいたのでしょうか？」

と問えば、他の子どもたちはこの子に視点を

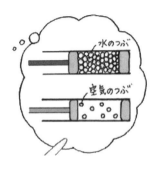

変えて考えようとする。

C：堅い水の粒がぎっしり詰まっていたとしたら、圧しても縮まないな。

C：粒と粒が磁石のように退け合っているってことかな？

C：でも、空気の粒が柔らかかったら、ぎっしり詰まっていても縮むよね。

この絵は「イメージ図」と呼ばれ、現象を比喩的に表現したものである。

〔P 100 参照〕

3年「物の重さ」
〜置き方を変えると、ボトルの重さはどうなるか〜

外国で飛び込み授業をしたときのことである。学習内容は、第3学年「物と重さ」に当たる。

（1）ペットボトルの重さを予想する

ペットボトルに3分の1ほど水を入れて蓋をし、全体の重さをデジタル秤で量った。〔図1〕仮に、「250 g」だったとする。

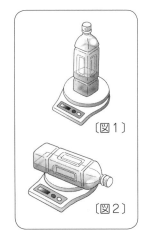

〔図1〕

〔図2〕

次に、デジタル秤のスイッチを切って、250 g だったペットボトルを横にして置く。〔図2〕

そして、「重さはどうなるか？」と子どもたちに問うた。

選択肢を、「重くなる」「変わらない」「軽くなる」と設定し、どの予想に賛成するか、子どもたちに挙手してもらった。すると、信じられないことが起こった。子どもたち全員が「変わらない」に挙手したのである。それも、全く迷わずにである。念のため、次ページの表を使って「自信度チェック」をしてみた。自分の番号の札を9つの部屋のどこかに貼っていくのだが、子どもたちは迷うことなく全員が「絶対」に自分の番号カードを貼った。

おそらく、担任の先生が良かれと思って、あらかじめ答えを教えていたのだと思う。

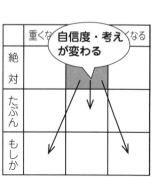

（2）視点を変換して話し合う

そこで、日本の子どもたちに視点を変換させる次の発問を投げかけた。

「日本の子どもたちの中には、『重くなる』『軽くなる』という考えの人もたくさんいました。どうしてそう考えたのでしょうか？」

すると、自分とは違う考えの立場に視点を変えて子どもたちは考え、次のような理由を発表した。

「ペットボトルを横にすると、はかりを広い面でたくさん圧すから、重くなると考えている」

「重さが広い面にひろがっちゃうから、軽くなると考えている」

すると、自分の考えや自信度に少しずつ変化が現れ、自分のカードを他の部屋に張り替える子が出てくる。多面的に考えることで、自分の考えに自信がなくなり、子どもたちの問題意識を高めることができた。

（3）手応えを確かめて再度予想する

実際に重さを計って数値化し確かめる前に、手応えで重さに違いがあるかどうかを確かめさせた。子どもたちは、ペットボトルの置き方を変えながら手に乗せ、重さを手応えで繰り返し繰り返し確かめた。

子どもたちの考えや自信度が大きく変化したのはここからだった。子どもたちは次々に自信度チェックの表の番号カードを張り替えた。そしてあっと

いう間に, 重さは「変わらない」という予想の子どもたちは、少数派となってしまった。子どもたちの多くが、「重くなる」「軽くなる」と考えを変え、自信度も大きく変化した。

　ここで注意すべきことは、手応えで重さを確かめる活動を、視点を変換させる話し合いの前、あるいは話し合いの中に組み込まないことである。重さが「変わらない」という前提で手応えを確かめれば、重さは変わらないように感じるものである。視点を変換し、自分とは違う考えの理由を多面的に理解しようとする過程で, 自分の考えに不安定さが生じたからこそ、客観的な立場で重さを確かめようという意識が、子どもたちから芽生えたからに他ならない。「わかったつもり」からの脱却である。

4 「イメージ図で」表現する
～「たとえ」をつかう～

≡「イメージ図で」表現するために

　理科の授業では、目に見えない物や現象を絵で表現させ、可視化させる指導法（描画法）がある。その絵は、「モデル図」「イメージ図」と呼ばれる。

　例えば、「どうして、圧すと空気は縮むのか？」「どうして、あたためると空気の体積は大きくなるのか？」「どうして、乾電池を２個直列つなぎにすると電流が強くなるのか？」に対する自分の考えを表現するには、言葉よりも絵でかいた方が、自分の考えを整理しやすい上に他者にも伝わりやすい。

　ただし、イメージ図は、子どもの思い込みや空想、想像が入り込むため、客観性のある表現とはいえないのは確かである。誤概念を生む懸念もある。しかし、子どもの素朴概念を知る手がかりの一つにはなる。また、学習途中にもイメージ図をかかせていけば、実験結果をもとにした客観性のある図へと少しずつ変化していく事実から、子どもの理解度を把握することも可能である。

（1）「比喩（メタファー）」で　　表現する

　p83でも述べたが、5年『もののとけかた』の研究授業で、食塩が水にとけて見えなくなっても水の中に残っていることを、右の絵をかいて説明した子がいた。

　ところが、授業後の協議会で次の指摘を受けた。

「このような生活経験をもとにした擬人的表

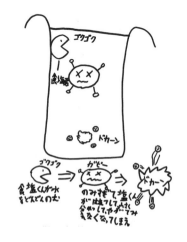

現を積み重ねたとしても、科学的な表現力が子どもたちについていくとは思えない。」

「擬人的表現」とは、目の前の現象のみに適用できる姑息な解釈、あるいはその集団にしか伝わらない手法を使った表現を意味している。科学的な手続きがとられているように見えても、そこでの理論は他の事象への適用ができない。事象ごとに新たな理論が必要となってしまい、身の回りの様々な事象を首尾一貫して説明できる科学理論とはならない。単なる経験的推論の蓄積は、空想力を育てることはできても「科学的思考力」は育たない、という考えである。

この考えは正しい。しかし、科学的な表現力を育てる過程では、子どもが自分の考えを他者に説明するアイテムとしては認められると思う。子どもたちは、「塩くん」などという生き物がいるとは思っていない。あくまでも他者と考えを共有するための比喩的な表現である。

例えば、乾電池２個の直列つなぎと並列つなぎでは、直列つなぎの方が電流が強くなる。この現象を子どもなりに説明するとき、電気の流れを車の流れに例えることがある。乾電池の直列つなぎの場合、車はスムーズにプラス極からマイナス極へと一方向に流れる。ところが、乾電池の並列つなぎの場合は、車の合流地点があり、ここで渋滞するというわけである。〔ホースの中を流れる水でも表現可能－流水モデル〕

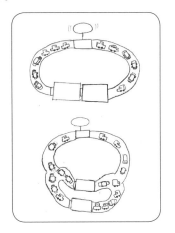

導線の中を車が走っているわけはない。あくまで"例え話"であり、これと似たようなことがもしも起こっていたら、電流の強さに変化が生じることの説明がつくというレベルである。

（2）表現方法を絞る

　イメージ図を子どもたちにかかせるときに注意することがある。それは、表現方法を絞ることである。

　閉じ込めた空気を圧すと縮んで体積が小さくなる。その理由を何の制約もせずに絵で表現させると、実に多様な絵が登場することになる。

　右の図は、粒と色の濃さで表現しているのだが、これが3、4、5種類と多様になればなるほど、導入部で子どもたちそれぞれの考えを説明、共有することが難しくなってくる。時間もかかる。「見えない空気を粒で

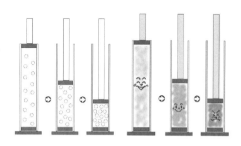

表したとしたら」「色の濃さで表したとしたら」と、表現方法を絞れば、子どもたちの考えの違いは明確になり、話し合いもしやすくなる。

4年「ものの体積と温度」〜玉が飛んだのはなぜか？〜

（1）空気の体積が大きくなる理由を考える

　既習事項である空気鉄砲の玉が飛ぶ理由「閉じ込められた空気を後玉で圧すと縮み、もとの体積に戻ろうとして前玉を押す」を確認する。そして、丸底フラスコに空気でっぽうの玉（フラスコ栓）で蓋をして空気を閉じ込め、お湯の中に入れる。すると、「ポン」と音を立てて玉が飛ぶ。

　ここで、次の発問をする。

「だれも圧していないのに、玉が飛びました。あたためると空気がぎゅうぎゅう詰めになって縮んだ状態になります。どのようなことが起きたら空気が縮んだ状態になりますか。見えない空気を粒にして絵をかきなさい」

　前述した通り、ここでは「粒」で表現することに絞ってイメージ図をかかせ、子どもたちがかく絵の表現がいたずらに拡散しないようにした。

　ダブリがないように絵を板書させる。粒で表現させただけでも次のような多様な考えが子どもたちから予想として出てくる。

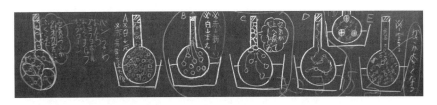

（2）絵の意味について話し合う

　これらの絵の中で意味がわからないものがあるか子どもたちに問いかける。すると、ほぼすべての絵に対して「意味がわからない」という子が出てくる。そこで、想像できた子に発表させながら、絵の意味を明確にしていく。

（P 95「『友達の考えを想像』して表現する」を参照）

　整理された予想は、次の4つである。

> 予想1：空気の粒が膨らんで縮んだ。
> 予想2：空気の粒が増えて縮んだ。
> 予想3：空気の粒が上にあがって縮んだ。
> 予想4：空気の粒がぶるぶる震えたり動き回ったりして縮んだ。

（3）お風呂で実験する

　子どもたちに空のペットボトル（500mL の炭酸系清涼飲料水）を配り、

次の宿題を出す。

「ペットボトルと一緒にお風呂に入ってきましょう。石けん水でペットボトルの口に膜を張りお湯に入れると ‥‥, 冷たい水につけると ‥‥ という風に、お風呂でいろいろな実験をしてきてごらん」

　子どもたちは、自宅のお風呂場で自由に実験してくる。すると、次のような様々な気づきをすることになる。

　　・繰り返しやると、だんだんシャボン玉が膨らまなくなる。

　　・水で冷やすと、石けんの膜がペットボトルの中に下がっていった。

　　・ペットボトルを逆さまにしても、シャボン玉は膨らんだままだった。

（4）学校で実験して確かめる

　お風呂で実験してわかったことを紹介し合い、実際に確かめさせる。

　その後、それぞれの結果からどのようなことが言えるか話し合う。すると、ペットボトルを逆さまにしても同じ現象が起こったことから、「予想3」が反証される。

5 「観察・実験しながら」表現する
～「観察・実験」と「考察」の同時進行～

「観察・実験しながら」表現するために

（1）実験のスタートに時間差をつける

　実験の方法・手順を確認した後、子どもたちはグループ毎に実験の準備をする。危険な薬品や実験器具は教師が準備しなければならないが、それ以外の実験の準備は子どもたちにさせることにしているからである。

　準備が終わったら教師を呼ぶ。そして、チェックして合格をもらったら実験をスタートさせる。子どもたちは実験することは基本的に好きなので、協力して準備を進め、早く合格をもらおうとする。

　当然、実験のスタートはグループごとに違ってくることになる。

（2）実験が終わったグループから結果を板書させる

　実験のスタートにばらつきが出れば、実験の終了もグループによってばらばらとなる。実験が終わったグループから結果を板書させていくと、子どもたちは、自分たちの結果と他のグループの結果を比較する。そして、自分たちが導き出した結果が少数派であることがわかると、グループで話し合いを始める。つまり、実験しながら、結果を分析・考察することになる。

（3）繰り返し実験させる

　時間的な制約があるので、短時間で終えることのできる実験に限られるが、グループで話し合っても結果に納得できなければ、繰り返し実験させる。すると、最初の実験とは違った結果がその後の実験では得られることが多い。

　複数回の実験結果をもとに分析・考察することは、科学的な表現力を育成

する上で大切にしたい態度である。

（４）他のグループと情報交換させる

右の写真は、水をあたためた時の
体積変化の結果を表に板書させたも
のである。水面の変化を表に絵でか
き、体積の変化を「＋（ふえた）」「＝
（変わらなかった）」「－（へった）」
の記号で記録してある。

お湯であたためても水の体積が予
想より増えないことに納得できない子どもたち
は、グループで話し合い始める。そして、他の
グループとも情報交換しながら、アルコールラ
ンプであたためれば、水の体積も増えるはずだ
と主張する。

期待した結果が得られなかった時に子ども
たちは、目的意識をもって主体的に話し合う。
そして、実験方法を工夫し、妥当な結果を得
ようと考える。このように、実験の結果の共

有、さらにグループの枠を越えた分析・考察の場面は、実験をしている中
にこそある。

実際にアルコールランプで熱すると、子どもたちが期待した通り水面は上
昇し、体積が増えるという子どもたちが期待した結果が得られる。

≣ ４年「もののあたたまり方」
≣ ～金属板を斜めにした時のあたたまり方～

本単元では、通常「金属のあたたまり方」を先に指導する。しかし、ここ

では、水や空気の「対流」を活用して、これまでに学んだ金属のあたたまり方とは違う現象を説明できるようにすることをねらう。つまり、現象を引き起こした要因を多面的に考え、妥当な考え方をつくりだす活動を設定した。

水のあたたまり方の学習では、ビーカーに示温インクで着色した水を使って、動きながらあたたまっていく様子を観察した。さらに、斜めにした試験管に水を入れて真ん中をあたためたときの水の動きも確かめた。

金属のあたたまり方の学習では、まっすぐにした金属棒の端と中心をあたためると、左右に同じ速さで順にあたたまっていく様子を観察した。次に、斜めにした棒の真ん中をあたためても、同じ結果が得られる。

本時では、まず、ろうを塗った金属板を水平にして、端や真ん中を熱したときの熱の伝わり方について調べた。金属の棒と同じように、熱したところから熱は順に伝わることが確認できる。

すると、ある子から、
「だったら、金属板を斜めにしたら？」
というつぶやきが出てきた。水も金属棒も、斜めにした時のあたたまり方を確かめてきたからである。

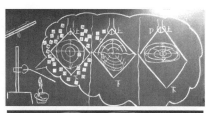

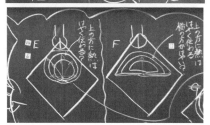

金属板を斜めにして、その真ん中をあたためたら、熱はどのように伝わっていくか、子どもたちの予想は、右の写真のAからFのように分か

れた。

　根拠が不明確な考えもあったが、ほとんどの子どもたちが、金属板を水平
にした時と同じように、あたためたところから順にあたたまっていくと予想
した。この時点では、「Ｅ」と予想した子どもたちは、水や空気の熱の伝わ
り方と同じように「上の方に熱ははやく伝わる」と考えていたようだ。

　実験してみると、多くの子どもたちにとって意外な「Ｅ」という結果が出
てくる。ここで子どもたちの中に、「どうして？」という問題が生じる。

　ここで、子どもたちにヒントを出した。

「金属が熱したところから順にあたたまっていくことは間違いありません。
でも、それとは違った結果が出ました。ということは、そこに何かもう一つ
の原因が加わったということです。それが何か考えてごらん」

　子どもたちは、繰り返し実験しながらグループで話し合う。さらに、他の
グループとも情報交換を始める。

　あたためている金属板の上と下に手をかざしてみるように指示も出した。

確かめてみると、斜めにし
た金属板の上の方にだけ暖
かい風が手に当たるのが分
かる。

　すると、既習事項と関連
があることに気づく子が数
人出てくる。斜めにした金
属板の上の方がはやくあた
たまった原因は、アルコー
ルランプによってあたため

られた空気の対流の熱が加わったからである。

　その後は、気づいた子どもたちに、「他のグループにも教えてきてごらん」
と話し、子どもから子どもへと情報を伝えさせていく。

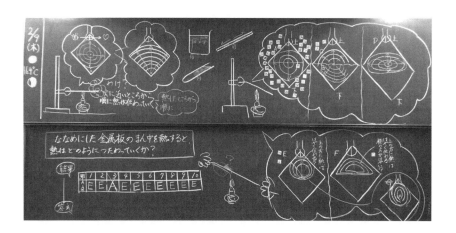

　実際の授業ではできなかったが、まとめの後にもう一度実験すれば、演繹的な視点で理解もさらに深まることと思う。

6 「答えを」表現する
〜「問題」と「答え」の整合性を図る〜

「答えを」表現するために

(1)「問題」と「答え」の整合性を図る

　「問題解決的な学習」というからには、子ども自身に解決すべき「問題」があり、学習を通して「答え」が導き出される展開となる。しかし、理科授業では「問題」と「答え」の関係は極めて曖昧である。

　理科の教科書をご覧いただきたい。例えば、ある教科書（6年）の「物の燃え方と空気」には、次の「問題」が記されている。

> 問　題　物が燃える前と物が燃えた後で、空気は、どのように変わるだろうか。

　そして、実験を経て結果を確認した後、「まとめ」がこう書かれている。

> まとめ　物が燃えると、空気中の酸素の一部が使われて、二酸化炭素ができます。

　「問題」で聞いていることに、「まとめ」で答えていない。「どのように変わるだろうか」と問うているわけだから、「〜のように変わる」とまとめるのが基本である。このような傾向は、この教科書に限ったことではない。

　実際の授業となると、「問い」と「答え（まとめ）」の関係は、さらにいい加減になる。例えば、第3学年「物の重さ」の学習で、「形を変えて、物の重さを調べてみよう」という具合に、活動自体を「めあて」として設定し、板書することがある。この「めあて」に対する「まとめ」を無理に表現するならば、その語尾表現は「調べた」となってしまう。

　そもそも「調べよう」という心情は、問題意識が高まった子どもが、具体的に何をどのようにして調べたらよいかわかった上で抱くものであり、解決

すべき「問題」は別に設定されているはずである。だから、「形を変えると、物の重さはどうなるか？」と、ストレートに発問し、そのまま「問題」として板書した方が、問題の表現に合う「形を変えても、物の重さは変わらない」という結論としての「答え」を表現しやすくなる。

（2）「主語」と「述語」の位置を変える

ここで、注意すべきことが一つある。主語と述語の位置関係である。

> 問題A：物の重さは、形を変えるとどうなるか？
>
> 答えa：物の重さは、形を変えても変わらない。
>
> 問題B：形を変えると、物の重さはどうなるか？
>
> 答えb：形を変えても、物の重さは変わらない。

「A－a」の問題と答えは、「物の重さは」という主語を前に置き、「形を変える」という変数を中に位置づけている。一方、「B－b」の問題と答えは、「形を変える」という変数を前に置き、主語を答え（結論）の前に置き、文の最後に位置づけている。また、「形を変える」という制御すべき条件が文頭に位置している。

　子どもたちの多くは、主語と述語の位置が近い「B－b」の組み合わせの方が、「答え」を書きやすいと言う。さらに、条件を「物の形」だけではなく、「物の種類」に変えたらどうなるかという新しい問題も誘発しやすい。

　日本語は、主語を省略して記述することがある程度許容されている言語である。「形を変えると、物の重さはどうなるか？」の問題に対し、「変わらない」と端的に答えを結論としてまとめたいところだが、それは日本人同士で成立するものと考えた方がよさそうである。

　その授業でどういう「答え（まとめ）」を書かせたいのかを明確にした上で、子どもたちが表現しやすい「問題」を設定する必要がある。

三 3年「明かりをつけよう」 ～金紙は、電気を通すか？～

（1）銀紙は電気を通すか？

（銀紙）　　（金紙）

白黒写真のためわかりにくいが、左が折り紙
の銀紙で、右が金紙である。まず、銀紙を子ど
もたちに提示して発問する。

「銀紙は電気を通しますか？」

子どもたちの予想は「通す」「通さない」と分かれる。実験すると、銀色の
表は電気を通し、白い裏は電気を通さないことが、豆電球に明かりがつくか
つかないかで確かめることができる。銀紙には電気を通す金属が紙にはりつ
けてあること、裏は紙なので電気は通さないことを子どもたちに説明する。

（2）金紙は電気を通すか

次に、折り紙の金紙を子どもたちに提示し、同じ発問をする。

T：金紙の表は、電気を通しますか？

子どもたちの予想は分かれる。そして、次のような理由を発表する。

C：金紙も銀紙と同じようにぴかぴかしているから電気を通す。

C：金紙にも空き缶みたいに何かぬってあれば電気を通さない。

子どもたちの問題意識が高まったところで、本時の問題を板書する。

問　題　金紙の表は、電気を通すか？

実際に確かめてみると、豆電球に明かりはつ
かない。問題の「答え」は次の表現になる。

答え①　金紙の表は、電気を通さない。

（3）どうして金紙に電気が通ったのか

そこで、子どもたちを教卓に集め、目の前で教師も実験して確かめてみる。
すると、豆電球に明かりがついてしまう。

　この結果に「どうして？」と驚いた子ども
たちは、教師が何も言わずとも再実験し始め、
次々に豆電球に明かりがつく結果（事実）を
導き出していく。豆電球に明かりがつかない
子は、「どうすればいいの？」と、他の子ど
もたちに聞き、その方法を教えてもらう。

　そこで、次の発問を投げかける。

Ｔ：どうすれば、金紙にも電気を通すことができるのですか？

　すると、次の方法が子どもたちから発表される。

Ｃ：力を入れて釘を押せば、豆電球に明かりがつく。

Ｃ：釘を金紙にこすると、豆電球に明かりがつく。

　しかし、金紙に釘を押したりこすったりして豆電球に明かりをつけること
ができた子どもたちも、どうして電気が通るのか納得できていない。そこで、
その理由を問う。

Ｔ：押したりこすったりすると、どうして金紙に電気が通るのですか？

　グループ毎に話し合わせる。すると、子どもたちの中にアルミ缶を削って
塗装をはがした実験を思い出し、金紙も削れば金属が出てくるのではないか
と考える子どもが出てくる。実際にそっと削ってみると、中から銀色に光る
金属らしきものが出てくる。

　表面にぬってある電気を通さない物をけずること
で、回路ができて電気が流れることを、絵にかきなが
ら話し合い、子どもたちは押したり削ったりすると電
気が通ることを納得した。

　「答え」を次のように修正し授業を終えた。

　答え① **金紙の表は、電気を通さない。**

　　　　しかし、表面を削って中の金属につないで
　　　　回路ができれば、電気が通る。

表面にぬって
あるもの
（電気を通さない）

金属（電気を通す）

表面にぬってあるものをはがすと…

電気の通り道ができる

....

7 「板書の言葉で」表現する
～子どもの言葉を板書する～

≣「板書の言葉で」表現するために

（1）子どもの言葉をそのまま板書する

　１０年ほど前のことだが、広島での飛び込み授業を参観していた先輩教師から、次のように言われたことがある。

「佐々木の授業は、子どもに誠実じゃない」

　意味がわからなかったので理由を聞くと、次のような指摘があった。

「子どもが発表した言葉を、教師が勝手に要約して板書している」

　子どもの予想の発表に対して私は、「それってこういうこと？」「じゃぁ、こういう意味かな？」と子どもに問いかけ、教師にとって都合のよい言葉を板書したのだという。「子どもの言葉をそのまま板書する」ことが基本であり、そうしなければ子どもは段々話さなくなっていくと指導された。

（2）子どもの表現を子どもが変える

　ところが、子どもの表現は稚拙であるがゆえに意味がわからず、そのまま板書できないことがある。そこで、他の子どもたちに振ることにした。

「Ａさんが言ったこと、誰か別な言葉で言える人はいませんか？」

　ある子が言う。

「先生、たぶんＡさんはこう言いたいんだよ」

　発表の後、Ａさんに確認すると「違う」と言う。なるほど、教師の言いかえに「違う」とは言いにくいが、友達に対してならできる。また別な子がＡさんの言いたいことを代わりに発表する。今度はＡさんが「同じ」と答えた。Ａさんを含めた子どもたちが納得したその言葉を板書する。子どもの表現を

変えるのは子どもということである。

　この方法は確かに時間はかかる。しかし、この過程を繰り返していくことで、他の友達が言ったことを別な表現に変える力を子どもたちはつけていく。

（3）考察に必要な言葉を必ず板書しておく

　予想の場面で子どもの言葉を板書しておけば、実験の結果をもとに考察する場面で有効活用できる。どの予想が正答であり、その予想に板書された理由のどれが使える情報かを吟味することができるからである。

　例えば、第４学年「電気のはたらき」の学習で、乾電池２個の直列つなぎと並列つなぎでモーターが回る速さがどうなるかを調べる活動がある。予想の段階で、「電気が強くなるから」という理由を引き出して板書しておけば、モーターが速く回った事実と電流の強さとを関係付けて考察させることが可能となる。

　ところが、理科の授業で子どもの言葉を板書する教師は意外に少ない。実験が終わり、いざ考察しようとしても必要な情報が板書されていなければ、子どもたちは考えることができなくなってしまう。

≡ 3年「物と重さ」
≡ ～形を変えると、物の重さはどうなるか？～

（1）粘土の形を変えると重さはどうなるか予想する

　手が汚れにくい粘土（図工教材）を「おだんご」形にし、電子秤で重さを量り黒板に記録する。次に、その粘土を子どもたちの前でつぶして「ピザ」形にして、次の問題を提示する。

　問　題 形を変えると、粘土の重さはどうなりますか？（問題として板書）

　選択肢（重くなりそう、変わらなさそう、軽くなりそう）を設定し、子どもたちに選ばせる。そして、「友達に視点を変えて」（P 95 参照）話し合うと、次のような理由が出てくるので、子どもの言葉をすべて板書しておく。

重くなる	・ピザ形にすると、秤をたくさんおすから。
	・つぶした力が粘土に入ったから。
変わらない	・粘土をたしてもへらしてもいないから。
	・粘土の量は変わらないから。
	・粘土が鉄になったわけではないから。
軽くなる	・ピザ形にすると、重さがちらばっちゃうから。
	・粘土をつぶすと空気が出ていくから。

　ここで、必ず子どもから引き出しておきたい予想が「粘土をたしてもへらしてもいないから」である。物の出入りがない限り重さが保たれる事実は、後の「質量保存」の基本的な考え方だからである。

　しかし、子どもたちから都合良く出てくるとは限らない。そのような時には、「去年の３年生は、こんな理由も発表しました」と、紹介する形で板書しておく。子どもから発表されたとしても、それは一人の子どもの「気づき」であり、他の子にとっては「知る」である。子どもから引き出すことに、それほどこだわらなくてもよい。

（2）形を変えると重さはどうなるか「手応え」で確かめる

　本時の問題「形を変えると、粘土の重さはどうなるか？」と板書した後、子どもたちを教卓に集め、実験の方法を説明する。

　その後、粘土をおだんご形にして重さを量り、黒板の表に班毎に記録させる。全ての班が表に記録し終わったら実験となるが、その前に手応えで確かめさせる。おだんご形の粘土を手の平に乗せ、その後にピザ形にしてまた手の平に乗せて比べる。

　すると、不思議なことに子どもたちの予想がここでがらっと変わる。ここまで「重さは変わらない」と予想していた子どもたちの多くが、「重くなる」に考えを変える。少数だが、「軽くなる」にも考えを変える子どもが出てくる。結果、多数派だった「変わらない」という予想は、ここで一気に少数派となってしまう。

（3）形を変えると重さはどうなるか「デジタル秤」で確かめる

　実験道具を準備し、合格をもらった班から実験を始める。

　デジタル秤で重さを量って確かめる。実験が終わったグループから、黒板の表に結果を記入させる。子どもたちの予想を裏切り、重さは変わらないという結果が出てくる。子どもたちは「（考えを）変えなきゃよかった」と口にしながらも、重さを数値化することの大切さを実感する。

　ところで、粘土の重さが変わってしまうグループが時々出てくることがある。その時には、結果の表を示しながら、

「この中で、おかしいと思う結果がありますか？」

と子どもたちに問いかける。すると、重さが変わってしまったグループの結果がおかしいと指摘する。

「どうしてこういう結果が出たか、その原因は何でしょうか？」

と問えば、子どもたちは原因を考える。

「消しゴムのかすや他の粘土が入って重くなったかもしれないね」

「粘土がちぎれておちてしまったかもしれないよ」

　重さが変わってしまったグループに再実験してもらう。すると、デジタル秤の故障でない限り、他のグループと同じ「変わらない」結果が得られる。

（4）結果を考察し、「答え」をまとめる

　全てのグループが「変わらない」という結果をもとに、問題に対する「答え」をまとめる。答えは、以下の通りとなる。

　　答　え　形を変えても、粘土の重さは変わりません。

　しかし、ここで終われば、単なる事実を確認しただけに留まる。そこで、この答えの理由を付け加えるのだが、ここで必要となるのが板書された、質量保存の基本的な考え方に基づく予想である。

　　理　由　粘土を足してもへらしてもいないからです。

8 「算数で学んだことをつかって」表現する
～"データを活用"する算数と理科の連携指導～

「算数で学んだことをつかって」表現するために

現行の学習指導要領の改定にあたり、理科と算数との関係について整理された。そのおかげで、算数で学んだことを理科で活用したり、逆に理科で学んだことを算数で活用したりしやすくなった。

しかし、未だに不具合がいくつかある。例えば、折れ線グラフによるデータのまとめは、4年「天気の変化」で算数よりも先に子どもたちは経験する。天気の変化と気温の変化を関係づけながら測定する活動を行う。

しかし、算数よりも先に理科授業で折れ線グラフを扱うことは、それほど深刻な問題とはならない。天気と気温の関係という限られた状況下で折れ線グラフを作成する経験を理科授業で踏み、その後に算数授業で詳しく学ぶことも連携指導となるはずである。

また、2017年3月に告示された新学習指導要領においては、算数科に「データの利用」という新しい領域が設定されたことから、理科の授業で得られたデータ（結果）を算数の授業に持ち込み、より正しくグラフに表現する活動も可能となった。

以下、理科と算数科の連携指導の具体について、2つの実践例をもとに考えてみる。

3年「物と重さ」
～どうすれば、鉄とアルミの重さ比べができるか？～

（1）アルミ缶とスチール缶の重さ比べ

子どもたちに2つの空き缶を提示し、次のように問いかける。

「この 2 つの空き缶、どうも重さが違うんだけど
…・持ってごらん」

　一人の子どもの手の平にそっと 2 つの空き缶を
乗せてみる。すると、すぐに重さの違いが分かる。
他の子どもたちも「やってみたい！」と言うので、
各グループに「軽い空き缶」と「重い空き缶」を 1 個ず
つ配り、子どもたち全員に重さ比べをしてもらう。

　子どもたちはリサイクルマークの違いに気づく。
（右の写真は、ネット販売で見つけた同じ銘柄のビールの
アルミ缶とスチール缶だが、同じ大きさの普通のアルミ
缶とスチール缶で構わない）

　子どもたちは、次のように主張する。
「先生、スチール缶の方が重いんだよ」

　そこで、右のような体積が違うアルミ（左）と鉄（右）
を提示し、教師がデジタル秤で重さ比べをしようと子ど
もたちに提案する。すると子どもたちは、「絶対にだめ！」
と言う。そして、様々な言葉を口にする。「高さが違う」
という子どもの言葉を取り上げ、アルミを倒して高さを
同じにしてみる。子どもたちは、さらに大騒ぎとなる。

　ここで、本時の解決すべき問題を確認する。

（問　題）どうすれば、アルミと鉄の重さ比べができるか？

　子どもたちは、次のことを同じにしなければ、重さ比べができないことを
教師に訴えてくる。

　　・「形」を同じにする。　　・「大きさ」を同じにする。

　　・「長さ」を同じにする。　・「（平面の）広さ」を同じにする。

　つまり、「体積」という言葉を獲得していない子どもたちにとっては、こ
れらの項目すべてを同じにすることが、同体積にするという意味になる。

この後、重さ比べをするための方法として「アルミを切る」「鉄を増やして重ねる」などの同体積にする方法がアイデアとして子どもたちから出てくる。アルミを切ることはできないが、鉄を重ねて同体積にするといった操作活動を取り入れることで解決できる。

また、下のように計算で求めることもできる。

A：123 × 4 = 492　　B：168 ÷ 4 = 42

「A」は、鉄1個の重さ（123g）を4倍し、アルミと同体積にした時の鉄の重さを計算している。「B」は、アルミ1個の重さ（168g）を4で割り、鉄と同体積にした時のアルミの重さを計算することで同体積にし、重さ比べをすることが可能である。

6年「てこの規則性」
～重さに長さをかけると何になるの？～

（1）面積で表す「棒を傾けるはたらき」

6年「反比例」を算数ではどのように指導するか、教科書（学校図書）を確認してみた。すると、面積が12㎠の四角形の縦と横の関係が、実際の面積に置き換えられ、反比例の関係が視覚的にイメージしやすい上に、反比例のグラフまででき上がる方法が載っていた。

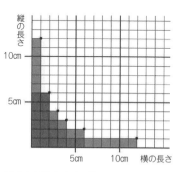

この方法を、6年「てこ」の学習に生かすことはできないか。

例えば、支点から6の距離に10gのおもりを吊したとする。その時の棒をかたむけるはたらきは、「10 × 6 = 60」となる。この時、右ページの図

のように「重さ」をベクトルで「長さ」に
置き換えれば、棒を傾けるはたらきを「面積」
（広さ）に置き換えることで視覚化できる。

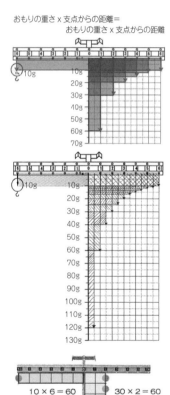

おもりの重さ x 支点からの距離＝
　　おもりの重さ x 支点からの距離

　これまで、重さと長さをかけて出てきた
「60」という数字の意味を、子どもたちは理解できなかった。しかし、この
工夫により、棒をかたむけるはたらきを、面積という「量」としてとらえさ
せることができる。

　さらに、支点から下にスケールを伸ばし、
その時に右側の棒のどこに何 g のおもりを
吊せば釣り合うか、同じように重さをベク
トルで表現させ、出来上がった面積を重ね
ていく。すると、そこに反比例のグラフが
現れてきた。

　これで、算数科で学習した反比例が、理
科の「てこ」の授業にやっとつながった。
ワークシートを作り、子どもたちにも作っ
てもらった。ある子は、スケールをさらに
細かく分けてグラフ化した。すると、グラ
フは美しい曲線へと変化していく。

　ある子が言った。

「てこって、反比例なんだね」

　これで、算数科で学習した反比例が、理
科の「てこの規則性」の授業にやっとつな
がった。この考え方は、現在の理科の教科
書に取り入れられている。

$10 \times 6 = 60$　　　$30 \times 2 = 60$

『みんなと学ぶ小学校理科6年』
〔学校図書ー p86〕

9 「帰納的に」表現する
～ミステリー型の問題解決的な学習～

1 「帰納的に」表現するために

(1)「ミステリー」と「サスペンス」

推理ドラマを見ていると、ストーリーの展開は、およそ2つのパターンに分けられる。

まず、犯人が最後にならないとわからないパターン。事件発生後、複数の容疑者が現れる。犯人を突き止めようと、主人公である刑事や探偵が証拠を集めていく過程で、少しずつ容疑者が絞られていく。クライマックスでは，大広間などに容疑者が集められ、主人公がこれまでの事件を振り返りながら謎解きをする。そして、最後に犯人が明らかとなり、事件は解決となる。『金田一少年の事件簿』『相棒』等が、この展開に当たる。

次に、犯人が最初にわかってしまうパターン。冒頭で事件発生の場面が映され、視聴者も犯人が誰かを知らされる。主人公である刑事や探偵も、犯人が誰なのかわかっている。しかし、証拠がない。そこで、主人公は犯人と会話をしながら少しずつ証拠を集めていく。クライマックスでは、犯人のアリバイは完全に崩され、事件は解決となる。『刑事コロンボ』『古畑任三郎』等が、この展開に当たる。

ちなみに、前者を「ミステリー」、後者を「サスペンス」と分類するのは誤りらしいのだが、ここではこの表現を便宜上用いることにする。

ところで、ミステリーとサスペンスのどちらの展開が推理ドラマとして優れているかという問いには意味がない。どちらの展開も、ワクワクさせられ面白い。

ストーリーの内容や、設定された主人公のキャラクターによっては、つま

らない推理ドラマもあるのは事実だが、展開のタイプそのものの優劣を評価することには繋がらない。どちも推理ドラマのストーリー展開の定石と言える。

（2）帰納と演繹

　面白いことに、問題解決的な学習の展開も、大きく分けてミステリー型とサスペンス型の2つのパターンがある。ミステリー型が、帰納的な思考を伴う発見学習をベースにした問題解決学習であり、サスペンス型が、演繹的な思考を伴う有意味受容学習をベースにした問題解決学習である。

　中学年理科の授業展開の場合は、帰納的な思考を基本としたミステリー型が基本である。観察・実験を通してたくさんのデータを集め、考察を経て科学的な理論を導き出していく。

　演繹的な思考を基本としたサスペンス型の問題解決的な学習については、『高学年編』で詳しく解説する。

3年「風のはたらき」
〜どうすれば、風車を力持ちにできるか？〜

（1）ペットボトル風車づくり

　まず、350mL の角形ペットボトルを材料に、右の風車を作る。作るのが難しそうだが、ペットボトルの加工用はさみがあれば、3年生の子どもたちでも15分程度で安全に作ることができる。

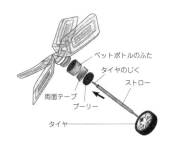

ペットボトルのふた
タイヤのじく
ストロー
両面テープ
プーリー
タイヤ

　風車を自由に回す活動を通して、子どもたちは「もっとよく回したい」と思う。子どもたちが言う「よく回る」とは、羽根が速く回ることである。速く回っていることの判断は、羽根につけたビニルテープが速く動いていることに加え、手に感じる震動が大きいこと、羽根が回る音が大きいことでさせる。

　風を強くすると羽根は速く回ることについては、子どもたちにとって予想

通りの結果である。「ウインドカーは強い風を当てた方が速く走った」からである。

〔本書「低学年編」P102を参照〕

「風の強さを変えなくても、もっと速く羽根を回すことはできますか？」

と発問する。すると子どもたちは、「羽根を長くすればもっと速く回る」と確信をもって予想する。ウインドカーも、風をたくさん捕まえたときの方が速く走ったからである。

そこで、「長い羽根」「短い羽根」を作り、今までの羽根と回る速さを比べることにした。

実験して確かめてみると、「羽根が短い方が速く回る」ことがわかった。理由はわからないものの、子どもたちは意外な結果に驚く。

（2）風車の力で、物を持ち上げてみよう

右の写真のように、風車の軸に糸を取り付け、風車が回ることで物（実験用てこの錘）を持ち上げられるようにする。

風の強さを変えない条件で、おもりを持ち上げることを繰り返すと、子どもたちはもっとたくさん錘を持ち上げたいと思う。そして、風を強くさせてほしいと言い出す。

実際に確かめてみると、風を強くするとなるほど、たくさんのおもりを持ち上げることができる。

（3）風車をパワーアップさせよう

そこで、2年「風であそぼう」〔「低学年編」P106〕の時と同様に、「風の強さを変えなくても、もっと風車を力持ちにすることはできますか？」

と発問する。すると、子どもたちの多くは「羽根を短くすると力が強くなる」と予想する。風車の羽根が短い方が速く回ったからである。

　しかし、「羽根を長くすると力が強くなる」という考えの子もいた。風をたくさん捕まえた方が、おもりを持ち上げる力が強くなりそうだと言う。また、羽根が長い風車を止めようと羽根に触ったら、なかなか止まらなかっとも主張した。

　実験して確かめてみると、「羽根を長くすると、錘を持ち上げる力が強くなる」ことがわかった。風車の羽根が速く回っても、錘を持ち上げる力は強くならないことに、子どもたちは驚く。

　子どもたちは、繰り返し実験してデータを集め、その事実から風車を力持ちにする方法を突き止めた。帰納的な思考を基本とした問題解決的な学習である。

三 風車（かざぐるま）から風車（ふうしゃ）へ

　「風を強くする」「羽根の数を増やす」と、物を持ち上げる力は大きくなり、生活科における「ウインドカー」を走らせた経験が生かされる。しかし、「羽根を短くする」と、風車の羽根は速く回るという異なる結果が出てくる。さらに「羽根を長くする」と回る速さは遅くなるが、「物を持ち上げる力」は大きくなるという事実に対する意味理解は、第6学年「てこの規則性」の学習まで待たなければならない。さらに、「電気の利用」の学習で風力発電機づくりをするときにも、本単元での学習が活用されることになる。

　遊ぶ道具の一つであった風車（かざぐるま）が、生活科から理科への学習を通して、動力を得る装置としての風車（ふうしゃ）へと少しずつ変換していく子どもの姿は、生活科と理科との関連を図ることによって、初めて見られるものである。

10 「国語で学んだことをつかって」表現する
～説明文フォーマットを活用した理科説明文の指導～

「国語で学んだことをつかって」表現するために

（1）説明文の「基本フォーマット」と授業展開との関係

　子どもたちが学ぶ説明文の形式（フォーマット）には、「頭括型」「尾括型」そして「双括型」の３つがある。

　「頭括型」のフォーマットは、低学年の説明文に多い。序論→本論→結論という流れを経ず、最初に結論が示され、その後本論でその証拠となる事実が示される構造である。

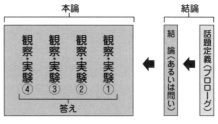

頭括型

　このフォーマットは、生活科における問題解決的な学習の展開に似ている。公園にはたくさんの生き物がいるという結論をもとに、それを確かめる様々な活動へと広がっていく。抽象的なまとめはそれほど強く指導しない。

　「尾括型」のフォーマットは、中学年以降の説明文に多い。序論ではある話題（プロローグ）をもとに問題が設定される。次に、複数の事実が本論の中で示される。そして、本論で示された事実をもとに、問題に対する答え、まとめ（エピローグ）が結論で示される。

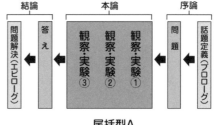

尾括型A

　このフォーマットが、これまでの理科授業で行われてきた展開の基本と

なっている。帰納的な思考を基本とした「ミステリー型」の問題解決的な学習である。事象の提示、自由な試行といった活動を通して、問題が設定される。次に、仮説（予想）を立て、実験計画を立てる。そして、観察・実験を行ってデータ（結果）を集める。そして、結果をもとに仮説の妥当性を考察し、答えとしての結論が得られる。最後に、物づくりや日常生活との関連を図り、授業は終わる、という流れである。

　「尾括型」の説明文には、本論の中で「問い」が複数設定され、それぞれについて「事実」と「答え」が示されるフォーマットもある。この展開は、理科の単元構造そのものである。例えば、４年「ものの体積と温度」の学習では、温度変化に伴う、空気（気体）・水（液体）・金

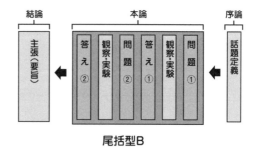

尾括型B

属（固体）それぞれの体積変化やあたたまり方を観察・実験によって確かめる単元構造となる。つまり、問題が３つ単元の中で設定される。

　高学年の説明文になると、「双括型」のフォーマットが登場する。詳しくは、「高学年編」で解説するが、演繹的な思考を基本とした問題解決的な学習である。

　説明文の「基本フォーマット」と、生活科や理科の授業展開とを関係づけた時、国語

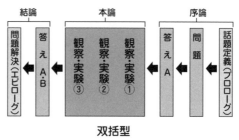

双括型

科と理科との連携指導の可能性が見えてくる。

（2）自然の事物・現象を「３つ」に切り分ける

　物事は、「３つ」に分けて表現するのが基本である。「序論・本論・結論」

はその典型であり、さらに本論の中もおよそ「3つ」の内容で表現できる。例えば、結実して最後に枯れるまでの一連の事物・現象も、いくつかのまとまりで表現しなければならない。その基本が「3つ」である。特に、時間の経過とともに変化する時系列の現象を表現する場合、やはり「3つ」に切り分けると表現しやすい。

（3）理科説明文を書く

　理科の授業展開が説明文の「基本フォーマット」と合うならば、授業レポートを説明文で書かせることが可能である。

　「理科説明文」は、これまでの理科作文とは違う。理科作文は、基本的に子どもたちの自由記述であったため、内容のほとんどが感想である。感想を含めた理科作文を書くことに、まったく意味がないとは言わない。しかし、感想の部分をプラスに評価された経験のある子どもは、「びっくりした」「楽しかった」といった表現を安易に使う。また、「次はこんなことを調べてみたいです」と書いていても、本当に調べる子に出会うことはまれである。

　そこで考えたのが、「理科説明文」である。

　説明文を書こうと思ってもうまく書けないという現実に子どもが立ったとき、子どもはこれまでの自分が「わかったつもり」であることを自覚する。そして、自分が不理解な部分を補おうと、新たな学びをスタートさせる。教科書やノートをもう一度読み、書くために必要な情報を集め始める。その情報で足りなければ、友達に聞いたり話し合ったりしながら、不理解だった部分の情報をさらに調べようとする。

　つまり、理科で学習した内容の確かな習得に加え、国語科で学習した説明文の基本フォーマットを活用した表現活動となる。

4年「水の3つの姿」
～あたためると水の温度はどのように変化するか？～
p92 と同じ実践例で解説する。

（1）温度の変化の仕方を言語化する

　水をあたためて沸騰するまでの温度変化を、折れ線グラフで予想させる。この時、自由に予想のグラフをかかせてはいけない。

　「去年の４年生は、次の４つのグラフを予想としてかきました」と説明し、右の４種類のグラフを提示する。

　そして、「このグラフをかいた人は、水をあたためると温度がどのように変化すると考えていたのでしょうか？」と発問し、グラフそれぞれの場所の温度変化の仕方を言語化させ、すべてを板書しておく。

　４つのグラフの中に正解があることを子どもたちに伝え、予想として選択してもらう。子どもたちの予想はいくつかに分かれていることを確かめ、次の問題を板書する。

> **問 題** あたためると、水の温度はどのように変化するか？

（2）実験して結果をまとめる

　実験しながら温度変化のデータは折れ線グラフの用紙に直接書き込ませ、実験が終わると同時にグラフを完成できるようにする。教師は、その場で各グループの結果をＰＣに入力し、Excel でグラフ化できるようにしておく。

　実際の授業では、各グループの結果は右表のようにまとめられた。この段階では、各グループで作成されたグラフには違いがあり、データを共有することが難しい。

水の温度変化（あたためたとき）

	0	1	2	3	4	5	6	7	8	9	10
1班	20	32	49	66	80	93	96	96	96	96	96
2班	20	30	49	64	79	89	92	95	95	95	95
3班	20	30	48	62	77	90	95	95	95	96	95
4班	20	34	50	66	79	92	94	95	95	95	95
5班	19	28	43	56	70	81	92	94	94	94	94
6班	19	32	40	56	72	86	95	97	97	97	97
7班	19	33	49	65	78	91	95	96	96	96	96
8班	20	29	45	60	73	84	94	94	94	94	94
9班	20	35	50	67	82	90	96	95	95	96	96
10班	20	32	51	60	71	81	90	94	94	94	94

（3）結果をもとに考察する

そこで、全てのグループのグラフを Excel で重ね、プロジェクターで子どもたちに提示する。すると、温度変化の傾向が一目瞭然となる。

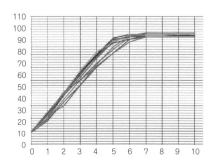

子ども一人を指名し、あたためられた水の温度がどのように変化していくかがわかるように、複数の線の真ん中に一本の線を引いてもらう。すると、およそ平均値を示す折れ線グラフが見えてくる。

そして、子どもたちに次のように問う。
「折れ線グラフをよく見ると、温度の変わり方を３つに分けることができます。どこで分けたらよいですか」

子どもたちは、およそ90℃近くまでの部分と、100℃近くで沸騰するまでの部分、そして、100℃近くで温度が変わらなくなる部分の３つに分ける。

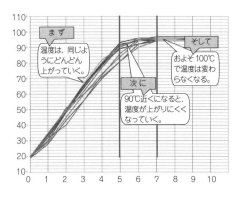

ところで、今後ＩＣＴ機器がさらに発達すれば、グループに配ったタブレット端末に子どもたちの手で実験データを入力させたい。そのデータは教師に集まり、表化、グラフ化が容易になる。ただし、子ども自身が折れ線グラフを作成する活動も同時に大切にしたい。

（4）「答え」をまとめる

ここから、子どもたちが３つに切り分けた部分の温度変化の部分に、「まず」

「次に」「そして（最後に）」といったつなぎ言葉を付けて言語化させ、すべて板書していく。子どもたちは、板書された情報を取捨選択しながら、次の問題の「答え」を書く。

答え あたためると、水の温度は次のように変化する。

まず、温度は同じようにどんどん上がっていく。

次に、９０℃近くになると温度は上がりにくくなる。

そして、およそ１００℃で温度は上がらなくなる。

（5）「理科説明文」を書く

国語の授業時間に、作文指導として「理科説明文」を書かせる。

下の作文ができあがった理科説明文の一つだが、４年生としては、上手に書けていると思う。しかし、この子は作文が苦手である。

作文が苦手なはずのこの子は、どのようにして理科説明文を書いたのか。

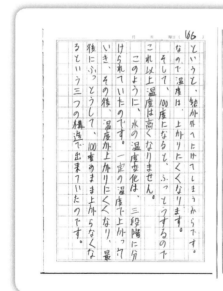

　まず、グループの中で自由に話し合いをしながら作文を書かせている。その時に、理科の教科書やノートを自由に見てよいことになっている。それでも何を書いていいかわからなくなった子には、他のグループに迷惑をかけないことを条件に、自由に他のグループの作文メモをのぞきに行ってよいことにしている。子どもたちは、友達のノートに書かれている様々な情報を比較し、取捨選択しながら、理科説明文を書いていくことになる。

（6）単元の「理科説明文」を書く

　単元の学習が終わってから「理科説明文」を書かせる場合、問いが複数設定される「尾括型Ｂ」の基本フォーマットを使って書かせることができる。ただし、「尾括型Ａ」に比べて構成が複雑になるため、下のような作文メモを作成してから作文を書かせていく。

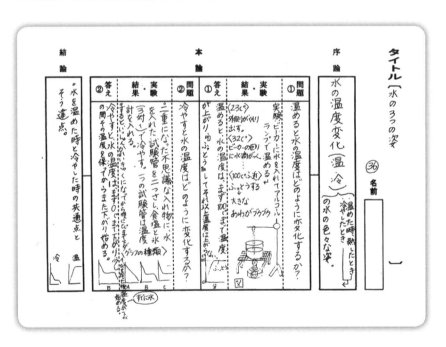

　文中の設定される問いは、下の２つになり、「尾括型Ａ」と違い「問い」
は本論の中に含まれることになる。

問い1 「あたためると水の温度はどのように変化するのでしょうか」
問い2 「冷やすと水の温度はどのように変化するのでしょうか」

　理科のノートや教科書に書かれている図表なども加えてまとめれば、読み
手にとってもわかりやすい「理科説明文」の完成である。

3 授業の実際

---

1 単元名 〜もののあたたまり方〜

---

2 活動
10のポイント① 『絵をくらべて』表現する
10のポイント⑤ 『実験しながら』表現する
10のポイント⑥ 『答えを』表現する

---

3 指導計画 〔全6時間〕

　本来この単元は「金属のあたたまり方→水のあたたまり方→空気のあたたまり方」の順に授業は展開していくことが普通である。実感として目に見える固体液体で学んだことを、目に見えない気体へと適用させていく展開である。

　しかし、本実践においては、前単元「物の体積と温度」で学んだこと（水はあたためられると体積が大きくなり、同じ体積で比べると冷たい水よりも軽くなっている）を対流の現象と関係づけて思考させ、水や空気が動きながらあたたまっていく（対流）の意味理解を図ることをねらう。

◆第1次　水のあたたまり方〔2時間 ···· 本時1/2〕

　本時〔DVD参照〕は、水を加熱したときに観察できた"もやもや"（シュリーレン現象）の動きを確認することからスタートさせる。"もやもや"が上へ動いているという事実の共有をもとに、水がどのように動いて全体があたたまっていくかを予想する。

　実験では、温度が上がると青からピンクに変色する感熱液を使う。ピンクに変色した水が、ビーカーの中をどのように動くかを予想する。

　水はビーカーの中をぐるぐる回らない事実を

子どもたちが共有できた時、これまでの固定観念が崩れ、子どもたちは既習事項である「あたためられた水は体積が大きくなり、周りの冷たい水と同体積で比べたときに軽くなっているから上へあがっていく」という意味理解に至る。

その後、斜めに傾けた試験管に感熱液を入れ、真ん中を加熱すると、水はどのようにあたたまっていくかを確かめる実験を行う。前時にビーカーに入れた水のあたたまり方を確認しているものの、子どもたちの予想はここでも分かれる。実験して確かめ、再度「軽くなっているから上へ動いていく」ことを確認する。

はしの方
を熱する

◆第2次　空気のあたたまり方〔2時間〕

アルミ箔でビーカーに蓋をし、小さな穴から火のついた線香を差し込んで煙を入れる。ビーカーの端の方をアルコールランプで少しだけ熱すると、煙は上へと動いていく。

水をあたためたときの現象と同じであること、暖房であたためられた空気が上にたまっていくことの生活経験から、子どもたちは空気も対流によってあたたまっていくことを容易に理解する。

◆第3次　金属のあたたまり方〔2時間〕

金属の棒にろうを塗って中央をあたためると、熱は左右におよそ同じ速さで伝わっていくことが観察できる。ところが、斜めにすると熱の伝わる速さはどうなるかを子どもたちに問うと、水のあたたまり方と同様の予想をする子もいたが、金属は堅くて動かないから同じように伝わっていくと予想する子もいた。また、熱が下の

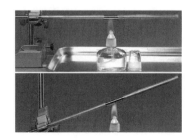

方に流れるから下が速くあたたまっていくと予想する子も少数ながらいた。

　実験して確かめてみると、棒が水平のときと同じように熱が伝わってい

くことが観察できる。金属板でも同
様である。熱したところから順にろ
うが同心円状に溶けていき、熱が伝
わっていく様子が確かめられる。

　そこで今度は、水平ではなく斜め

にした金属板の中央をあたためたときの熱の伝わり方について考えさせる。
斜めにした棒の熱の伝わり方、水平にした金属板の中央をあたためたときの
熱の伝わり方の事実をもとに、子どもたちの多くは同様にあたためた所から
順に熱が伝わってくると予想する。しかし、金属板の上の方のろうが速くと
けるという、子どもたちの予想とは違った結果が出てくる。その時子どもた
ちは、「どうして？」と、現象の意味を問うことになる。

　前時に確かめた通り、金属は熱したところから順にあたたまっていくこと
は間違いない。違う結果が出たということは、何らかの要因が加わったから
である。それは何か。

　繰り返し実験して確かめる中で子どもたちは、金属板の上に手をかざすと

熱いことに気づく。アルコールラン
プであたためられた空気が金属板の
上へと動いている（対流）からであ
る。つまり、金属の伝導に加え、空
気の対流による加熱が影響したため
に、金属板の上の方が速く熱が伝
わったのである。

　このように、既習事項である複数

の要因を関係付けて現象を説明させる場の設定は、理科教育でねらう「資質・
能力」を育てる一つの方法である。

4 授業の解説

　本時は、平成 28 年 11 月 19 日（土）に筑波大学附属小学校を会場に開催された『第 7 回理数大好きセミナー』で公開した授業である。

（1）あたためられた水がどのように動くか確かめる

　前単元「物の体積と温度」の学習で子どもたちは、水をあたためるとかさが大きくなり、冷たい水と同じかさで比べると軽くなっていることを学んだ。それ以前の「水の 3 つの姿」でも、水をあたためると "もやもや（シュリーレン現象）" が上へと動いていることを観察して確かめている。これらの既習事項をもとに考えれば、「水をあたためると軽くなって上へ動いていくのではないか？」という予想は子どもたちから容易に出てくる。

　そこで、本時の学習は、そのもやもやを観察することから始める。確かめてみると、確かに "もやもや" が上へと動いていることが観察できる。水は動きながらあたたまっていくのである。

（2）水はどのようにあたたまっていくか予想する

　そこで、次の問題を子どもたちに投げかける。

> **問 題** あたためると、水はどのように動きながらあたたまっていくか？

　ここで自由に予想させたいところだが、子どもたちの考えがいたずらに拡散してしまう恐れがある。空想・想像・屁理屈が入り込みやすく、科学的な思考が伴った話し合いがしにくくなってしまう。

　そこで、子どもたちが比較しやすい 4 つのサンプルを提示し、どれが自分の考えに近いか話し合わせる。〔**10 のポイント①「絵を比べて」表現する**〕

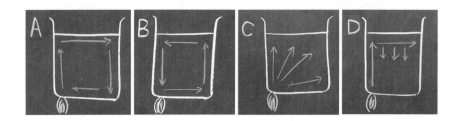

　ここで大切なことは、討論しないことである。討論すれば、子どもは自分
の考えを主張するあまり空想、想像、屁理屈が加わり科学的な思考が伴わな
い。また、誤った理由を関係付けて強化していくことになる。そうなると、
たとえ結果が出たとしても引っ込みがつかなくなり、子どもは自分の考えを
なかなか変えようとはしない。

　子どもは、事実で自分の考えを変えるのではない。事実を解釈できる理論
を共有してこそ、子どもは自分の考えを変えることが可能となる。

（3）実験して結果を確かめる

　水をあたためるとかさが大きくなり、冷たい水と同
じかさで比べれば軽くなるから上へ動いていく、とい
う知識をもとにした予想があれば、水をあたためた時
に生じる"もやもや"の動きは、水に何も手を加えな
くても見える。しかし、上へ動いていることはわかる
ものの、その後にどのように動きながら水があたたまっ
ていくのかはっきり見えない。

感熱液の場合

　そこで、感熱液を使って実験して確かめる。感熱液
の場合は、あたためられて軽くなった水が上に蓄積さ
れている様子が観察できる。しかし、味噌やおがくず
を使って水の動きを観察してもよいが、味噌やおがく
ず自体の重さのために下へと動く動きが混在してしま

味噌の場合

うため、あまりお勧めできない。

　結果が出たグループから、絵を黒板にかかせていく。本時では1グループだけが「ぐるぐる回る」絵をかいた。グループの中での話し合いでは子どもたちの意見は分かれていて、納得できなかった一人の男の子がかいたのだという。他のグループにも、納得できない子が数人いた。〔**10のポイント⑤「実験しながら」表現する**〕

（4）問題の「答え」をまとめる

　本時では、納得していない少数意見を深追いせずに授業を進めた。次時の授業で行う「傾けた試験管に感熱液を入れて中央をあたためた時のあたたまり方」の結果をもとに、再度話し合うことにした。

　「答え」は、問題の表現を生かして表現させる。実際の授業では、まとめの時間が足りなくなってしまったので、穴埋め問題の形式で板書し、ノートに書いてくるよう宿題を出した。〔**10のポイント⑥「答えを」表現する**〕

> **答え** あたためると、水は次のように動きながらあたたまっていく。
> 　　　　まず、＿＿＿＿＿＿＿＿＿＿＿＿＿＿＿。
> 　　　　次に、＿＿＿＿＿＿＿＿＿＿＿＿＿＿＿。
> 　　　　そして、＿＿＿＿＿＿＿＿＿＿＿＿＿＿。

　次時の最初に、子どもたちと本時の「答え」をまとめた。次ページの資料（子どものノート）を参照していただきたい。

5 資料

～子どものノート～

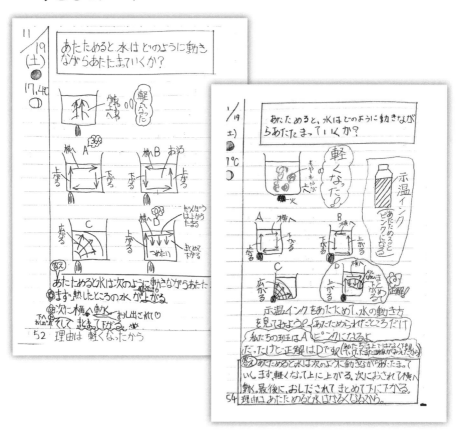

中学年の表現力を育む授業
算数科

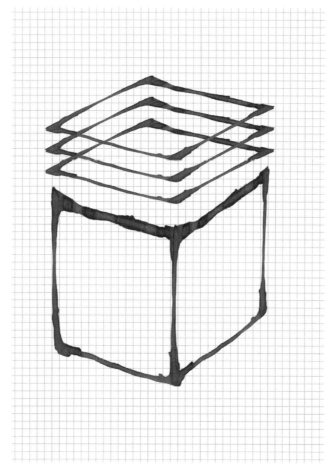

夏坂哲志

① 算数科 (中学年) における表現力とは？

1. 素直に表現する子どもたち

３年生の授業で、次の問題を提示した。

> 14枚のたこせん（広島のお菓子）を、１人３枚ずつ分けます。
> 何人に分けられるでしょうか。

「あまりのあるわり算」の導入場面である。

この問題を読んで、子どもたちは、「問題がおかしい」と言い始めた。そして、「３枚じゃだめ」「（１人分が）２枚ずつか、７枚ずつだったらいいけど」と言う。

あまりが出るようなわり算の場面について考えたことがない子どもたちにとっては、すっきりしない場面である。きちんとわり切れるような数値にしたいと思うのは、自然な反応である。

教師が提示した問題に対して、「おかしいな」「こうだったら答えがわかるのにな」というように感じたら、それを素直に表現することが問題解決への第一歩となる。

教師は、その言葉にきちんと向き合いたい。少なくとも、その言葉が出てくるきっかけを作ったのは教師の発問である。子どもからすれば、目の前の大人が、ぼく、私の感じたこと、言ったことを受け止めてくれるという安心感が、次の表現を生むエネルギーとなるはずだ。

逆に、教師が期待していることしか受け入れてくれないと感じれば、子どもは素直な思いを表現しなくなる。

だから、私は、子どもの言葉に合わせて聞き返してみた。「どうして、２枚とか７枚だったらいいの？」と。

すると、「２枚だったら、きちんと分けられるから」とか「２枚だったら答えが出せる」という答えが返ってくる。さらに、「もし、７枚だったら答

えはどうなるの？」とたずねてみると、「14 ÷ 7 ＝ 2 だから答えは 2 人」「7 × 2 ＝ 14 になる」というような反応が返ってくる。

　クラスの中には、このようなやり取りを聞くことによって、「ああ、わり算の場面なんだな」「それなら式もわかるし答えも出せる」と、ようやく問題に向かえるようになる子もいる。一方では、わり算の場面であることはわかっているけれど、「どんなふうに答えればいいのかなあ」とか「問題文の数がまちがっているんじゃないの？」と感じ、そこから前に進めずにいる子もいる。そういう今ある状況を話すことから、算数の表現は始まる。

　なぜなら、「今、自分は何がわかっていて何がわかっていないのか」「何を困っているのか」「どうしたら解決できると感じているのか」のように、子どもが自分自身を振り返ることによって、教師が提示した問題に対して、自分はどのように向き合い、問題解決の糸口をどこから見いだそうとしているのか、その立ち位置を確認することにもつながるからである。

　算数の表現力というと、式や図、言葉などを正しく使って、理路整然と話したり書いたりすることをイメージしがちだ。特に、中学年では式のきまりだとか図形の定義などが次々と出てくるために、そういったものを使った表現を求めてしまう。しかし、初めから理想的な表現ができるはずがない。そこに至るまでの稚拙な表現をする過程を経て、少しずつ表現が洗練されていけばよい。授業はそのためにある。

2. イメージを共有し、言葉を吟味する

　先ほどの授業の話に戻そう。

　「1 人に 2 枚ずつ」「1 人に 7 枚ずつ」の場合を扱うことによって、包含除の場面であることを確認した後、「でも、今日の問題は、やはり 3 枚ずつ分けるんだよ」と子どもに伝えた。「3 枚ずつ分けた時に何人に分けられるか」を聞かれているから、「2 枚」「7 枚」の時と同じように、わり算の場面であ

ることはわかる。だから、式は１４÷３でよいだろうということになった。

　ところが、ここでまた子どもたちは立ち止まってしまう。答え方がわからないのだ。

　「どうして困っているの？」とたずねてみると、次の３つの答えが返ってきた。

> ①あまりが出ちゃう。
> ②３×□＝１４になる□の数がない。
> ③５だと１つたりなくて、４だと２つあまっちゃう。

　①と②については「わかる」と子どもたちは言う。しかし、Ｋさんの言った③の文の意味は「よくわからない」という子がたくさんいた。

　①と②は答えられない理由を話しているのに対して、③は１４÷３の答えを何とか形にしようとしている。ところが、この文は、一度に２つのことを表そうとしている上に、主語や助数詞がついていないために、「５」「４」「１つ」「２つ」が何の数を表しているのかがわからない。

　③を答えたＫさん本人もうまく説明できないと言うので、③の文を次の２つに分けて、この文が表していることをみんなで読み解いていくことにした。

> ⑦ ５だと１つたりない。
> ④ ４だと２つあまる。

　はじめに、⑦について検討する。

　まず、「５だと」という部分をもう少し詳しく言い換えてみる。そうすると、「５」は「分けられる人数」を表し、「もし、（たこせんを分ける人数が）５人だとしたら」という意味だと言い換えてくれる子がいる。

　では、「１つたりない」とはどういうことか。この「１つ」は、たこせん

の数を表していて、「たこせんは1まいたりなくなる」と言い換えればよい
ということになった。

　これを聞いて、「『1つたりない』じゃなくて、『1つあまる』じゃないの？」
とつぶやく子もいる。そこで、「たりない」なのか、「あまる」なのかをもう
少し話し合わせてみる。

　このときに、次のような図を使って考える子もいる。

　だんだんと、「1枚たりなくなる」理由も明らかになってきた。
「もし（答えが）5人だと、3×5＝15だから15枚必要なのに、たこせん
は14枚しかないから1枚たりない」ということを言いたかったのだ。「5
だと1つたりない」という文には、「1枚たりない」という結論を得るまで
の理由や主語が含まれていないために、なかなか理解されなかったのである。

　これらの言葉をつなげて子どもたちが作った文は、次のようになった。

「もし、3まいずつ5人にくばっ
たら、3×5＝15になっちゃっ
て、15まいだから（14まいし
かないので）1まいたりない」

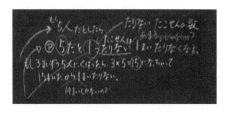

　北川達夫氏は『対話を成立さ
せるために必要なこと』という論文の中で、「問いには、大きく分けて3つ
の類型がある」と述べている（『教育研究』平成25年11月号）。それは、
次の3つである。

┌─────────────────────────────────┐
│　　①「なに」を問う　②「なぜ」を問う　③意見を問う　　　│
└─────────────────────────────────┘

ここまで述べてきた「5だと1つたりない」の意味を読み解いていく活動の中でも、はじめは、この文は「なに」を言い表しているのか（どういうことを言っているのですか？）ということを考えた。

次に、「なぜ」そう言えるのか（どうして1枚たりないとわかったのですか？）についても考えた。

最後に、「5だと1つたりない」という答えについて、納得できるかどうか確かめた。

この3つのことを、お互いに問い、共感し合いながら授業を進めていくことが大切だと感じた次第である。

3. 子どもの表現を答えに活かす

この後、同じように、⑦の文についても言い換えてみる。次のようになった。
「もし、（答えの数が）4人だとしたら、たこせんは2まいあまっちゃう」

このことを確認した後、あまりが出る場合でもわり算の式で書けること、そして、答えは⑦の表現を生かし、「14÷3＝4あまり2」のように書くことを教えた。

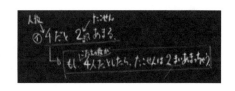

すると、一番前の席の女の子が、「『5たりない1』でもいいね」と言った。

「4あまり2」というのは、Kさんの言った2つのこと「⑦　5だと1つたりない」「⑦　4だと2つあまる」のうち、⑦の方だけを生かした答え方である。⑦も同じ場面を正しく言い表しているわけだから、「5たりない1」でも確かに間違いではない。

教科書に書いてあることにとらわれずに、自分の感じたことを素直に言える子はいいなあと思う。その言葉の中には、核心をついているものも多いのである。

　算数の答えとしては、「４あまり２」と「５たりない１」の両方を認めたのでは混乱してしまうから、どちらか一方の答え方に決めておく必要はある。また、この後、わり進んで計算をする場合には、「４あまり２」のようにしておいた方がよいこともわかる。

　だが、５７÷３のような計算の時に、「５７÷３＝２０たりない３」という見方をすれば、それは「わられる数が、５７より３大きい６０だったら、商は２０になるのになあ」ということであり、その見方は、「商は２０よりも１小さい１９になる」といった考え方につながるものであると考えることができる。特殊な場面でしか使えないかもしれないが、いつでも筆算でしか答えが求められない子よりも、そのような見方ができる子の方が、数や計算に対する感覚は豊かであると言える。

　話を戻すが、何よりも、自分たちが考えてきたこと、話し合って見えてきた㋐と㋑の両方の表現がどちらも使えるじゃないか、と誇らしげに「『５たりない１』でもいいね」と言えることが嬉しい。

　そんな授業の一場面を大事にしたいと思う。

4. 協働的な学びと表現力

　アクティブ・ラーニングは、「主体的、対話的で深い学び」という言葉に置き換えられたが、はじめは、「課題の発見と解決に向けて主体的・協働的に学ぶ学習」という表現で説明されていた。この中にある「協働」という言葉に注目したい。

　日本語教育を専門とされている池田玲子氏は、協働の要素として「対等」「対話」「創造」「協働のプロセス」「互恵性」が重要であると述べている。（参考：『ピアラーニング入門』池田玲子・舘岡洋子 著（ひつじ書房））

　この５つの要素は、算数の授業においても大切にされるべきものであると考える。特に、「対等」「対話」「互恵性」という視点はあまり意識されていなかっ

たのではないだろうか。

　1つ目の「対等」は、子ども同士はもちろん、教師と子どもも対等な立場で考えるということである。当然、教師は方法や答えを知っている。しかし、教師が、自分が考えたシナリオに子どもの思考を当てはめようとしても無理が生じるし、子どもが、「最後は先生が教えてくれることに従えばよい」というような授業観を持っていたのでは、その授業は子どもの思考力や主体性を育てるものにはならない。

　2つ目の「対話」は、その対等な関係性の中で成立する。対話というのは、ただ意見を交換すればよいのではなく、新しいものを見いだそうとする共通の課題が2人（あるいは集団）の中にあり、その課題に対する立場をそれぞれが持ち、それをお互いに尊重し合いながら伝えたり聞いたりすることが鍵となる。つまり、「問い」と「共感」のある双方向のやりとりでなければならない。

　3つ目の「互恵性」は、みんなで考えた過程や、そこで得られた知識、見方・考え方がお互いにとってプラスになったと感じられるということである。別の言い方をすると、問題解決の過程を通して得られた価値を共有する場があるということである。

　ここまで紹介してきた「あまりのあるわり算」の授業の中での子どもたちの様子に目を向けると、「対等」「対話」「互恵性」の3つの要素があったように思う。

　教師に対しても「問題文がおかしい」「こうだったらいいのに」と"対等"な関係で自分の意見を伝え、それに対して子ども同士でも変に構えたりせずに自分の考えを述べることができる。そして、「Kさんの言いたいことはこういうことではないか」という共通の課題に対して、お互いの表現を認めながら"対話"を通してよりよい表現に変えていく。完成した文のよさを認めたり、創り上げていく過程を楽しんだりすることは、お互いにとってプラスと感じられる。つまり、"互恵性"があると言える。このように思うのだが、

いかがだろう。そこで出された言葉や図、式などを尊重し合うことが、表現力を高めることにつながると考える。

5.「どうしてそう考えたの？」という問い

　若い頃、先輩の先生に、「子どもが意見を言ったら、『どうしてそう考えたの？』といつもたずねてみるとよい」と教わった。

　このように問い返すことの大切さを、今、改めて感じる。「どうしてそう考えたの？」と問われると、無意識のうちにしていたことが意識化され、さらに自分の考えを伝えようとした時に、筋道立てて話す必要が生まれるからだ。この言葉は、協働的に学んでいくきっかけをつくる重要なキーフレーズなのかもしれない。

　さらに、教師だけではなく、子ども同士が互いに「どうしてそう考えたの？」とか「わからない」と言い合えれば、そこに望ましい対話が生まれるはずだ。もちろん、一人ひとりがじっくりと問題に向き合って、自分の考えを持っていることが前提にある。その場を作ることも教師の役割である。

　子どもたちが疑問を感じていることや困っていることは、その時点での子どもの問いである。その問いをはっきりさせることから対話が生まれる。一緒に考えていこうよ、という対等な関係性が生まれる。

　そこから生まれてくる子どもの表現を価値付けることにより、子どもの表現力は豊かになり、理解も深まると考える。第2章では、その具体的な場面と子どもへの働きかけについて詳しく見ていくことにする。

1 式と、図や言葉の間を行き来する
～式が表す場面を解釈しながら考えを進める～

1．式の違いを言葉で表してみる

4年生の「式と計算」の授業で、次の問題を提示する。

> 500円玉を1個持って買い物に行きました。
> 300円のサンダル1足と、120円のノート1冊を買いました。
> さいふに残っているのは何円でしょうか。

子どもたちに答えを求めさせる。答えを求める式もノートに書かせる。多くの子が式を書き始めたころを見計らって、「何算を使いましたか？」とたずねてみる。すると、「たし算とひき算」と言う子と「ひき算とひき算」と言う子がいる。それぞれ、次のような式である。

〔たし算とひき算〕
$300 + 120 = 420$
$500 - 420 = 80$

〔ひき算とひき算〕
$500 - 300 = 200$
$200 - 120 = 80$

これに対し、「1つの式で書いたよ」という子もいるので、この2種類の式を1つの式で表すとどのようになるかをみんなに考えさせる。そして、次のような式を導き出す。

〔たし算とひき算〕
$500 - (300 + 120) = 80$

〔ひき算とひき算〕
$500 - 300 - 120 = 80$

この2種類の式の違いについて考えさせてみる。すると、買い方に違いが

あることに子どもたちは気づく。

〔たし算とひき算〕の方は、先に支払金額の合計を求めている。つまり、スーパーのようにいろいろな品物を扱っている店内を回り、買い物かごの中に買う品物を入れてレジに行き、合計金額を求めてから500円玉を払って購入している姿が思い浮かぶ。「レジ1つ」「レシート1枚」「まとめ買い」という言い方をする子もいる。

一方、〔ひき算とひき算〕の方は、品物ごとにおつり（残金）を計算している。履き物を扱っている店でサンダルを買い、その後、文房具屋さんに行ってノートを買う買い方である。または、サンダルを買った後、ノートも買わなければならなかったことに気づき、もう一度レジに並んだ様子が思い浮かぶ。「レジ2つ」「レシート2枚」「分けて買っている」「2回お店に行った」のように子どもは表現する。

具体的な場面で、その違いを比べてみると、1つの式で表した時の括弧は、レジでの処理を表しているようにも見ることができる。

ただ単に、計算の順序の違いをきまりとして教えるのではなく、自分の生活の場面と照らし合わせてみることにより、式には、問題文が表す場面のとらえ方の違いや、計算する順序の違いが表されるということを子どもたちは理解していくのである。

2. 問題文が表す場面を図に表し、計算しやすくする

計算のきまりとして、次のような問題も4年生で扱う。

> あきら君の家には、畑が2つあります。
> キュウリ畑は、たて43m、横24mです。
> トマト畑は、たて24m、横57mです。
> 2つの畑を合わせた面積は何㎡でしょうか。

目的は、次のような分配法則が成り立つことに気づかせることである。

43 × 24 ＋ 24 × 57 ＝ 24 ×（43 ＋ 57）＝ 24 × 100 ＝ 2400

そのためには、① 43 × 24 ＋ 24 × 57 という式と② 24 ×（43 ＋ 57）という式を比べて、どちらも同じ面積を求める式であることが理解されなければならない。

最初は、問題の文だけを提示して、図は示さずに答えを求めさせてみた。すると、多くの子が①の式を書いて計算を始めた。

43 × 24 ＋ 24 × 57 ＝ 1032 ＋ 1368 ＝ 2400

ところが、子どもたちのノートに目を向けると、式を書かずに図をかいて考えている子もいる。そのことを紹介し、他の子たちにも畑の絵をかいてみるように促す。できあがったら、お互いに見せて確かめ合う。

全体で確認するときには、畑の形は黒板にかかずに、工作用紙で作ったものを使うことにする。畑の１ｍを１㎝で表すこととして、工作用紙を切り取り、それを黒板に貼ってみせるのである。

すると子どもは、「先生、その２つをくっつけてみて」と言う。わざとそのままくっつけると、「そうじゃなくて…」「向きを変えて」「同じ長さの辺をくっつけるの」という言葉を口々に発する。

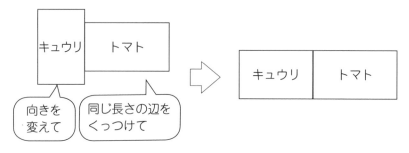

　畑の向きを変えてくっつけた図を見ながら、「こうすると、何かいいことがあるの？」と子どもたちにたずねてみる。すると、「計算が簡単になる」というような言葉が返ってくるので、この形にしたときの式はどのようになるかを改めてノートに書かせる。そして、先述の②の式になることを確かめる。

　最後に、①と②の式は同じ面積を求める式であり、どちらも 2400 ㎡になることや、○×△＋○×□＝○×（△＋□）と計算してよさそうだということを、図を使って確認して授業を終える。

3．式が表しているものを考える

　②の式のよさを感じるためには、①の式もなければならない。だから、どちらの式が優れているということではなく、答えを求めるための式としては、どちらも同等である。

　ただ、この学習の後、同じような問題文を見た時には、「どちらの畑にも同じ長さの辺があるぞ。それがうまく使えないかな？」「図に表してみると、より求めやすい方法が見つかるかもしれないぞ」というように考えられるようになるとよい。

　実は、私のクラスでこの授業をした時に、3 つ目の式として、次のようなものがあった。

　「43 から 57 に 3 をあげると、40 と 60 になるので、40 × 60 ＝ 2400」

　計算の結果は、①や②の式と同じ 2400 になる。そのため、この説明を聞いた他の子からは「なるほど。すごい」と拍手が起こった。ところが、「どうしてこのように計算すると答えが求められるのだろう」ということについて、図に戻って考えてみると、答えが偶然 2400 になっただけであって、この計算の工夫はおかしいということがわかってきた。

　「なぜ、その式になるのか」「なぜ、そのように計算できるのか」について、問題場面に戻り、自分が理解できる図や言葉と対比しながら式を解釈していくことを通して、場面に応じて式を使いこなす力が備わっていくと考える。

2 分数で表す、分数を表す
～分数の表す大きさをイメージさせる～

1. 分数の意味を理解する

　3年生で、等分してできる部分の大きさや端数部分の大きさを表すのに分数を用いることを学習する。そして、1を超えない範囲で、同分母分数の加法、減法について学習する。

　加法では、$\frac{2}{4}+\frac{1}{4}$のような計算の仕方について考える。同分母同士の場合、分母はそのままで分子同士をたせば答えが求められるので、答えを求めるだけならそれほど難しくはない。

　子どもを揺さぶるために、「$\frac{2}{4}+\frac{1}{4}=\frac{3}{8}$じゃないの？」とわざと誤答を示してみても、子どもは右のような図をかいたりしながら、正

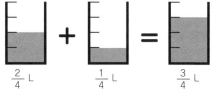

$\frac{2}{4}$ L ＋ $\frac{1}{4}$ L ＝ $\frac{3}{4}$ L

答は$\frac{3}{4}$になることをそれなりに説明することができる。

　それでは、子どもたちが「$\frac{1}{4}$Lは、1Lを4等分したうちの1つ分」であることを理解しているかというと、本当のところ、きちんと理解できていないのではないかと思う。

　それは、5年生で商分数について学習するときに感じることである。「2Lの牛乳を3人で等しく分けます。1人分は何Lでしょうか？」とたずねると、必ず「$\frac{1}{3}$L」という答えがある。分数は、割合を表すイメージが強く、「2Lの$\frac{1}{3}$」と「$\frac{1}{3}$L」との違いを意識していないことが、このような誤答を生むのだろう。

　しかし、この違いが理解できていないと、本当の意味で$\frac{2}{4}+\frac{1}{4}=\frac{3}{4}$がわかっているとは言えない。もし、2Lの牛乳を3等分する問題の答えを「$\frac{1}{3}$で正

しい」とするならば、$\frac{2}{4}+\frac{1}{4}$の答えは「$\frac{3}{8}$（2 L の $\frac{3}{8}$）」が正しいことになってしまう。つまり、L という単位がついている場合は、常に「1 L」がもとであることを理解していないということになるからだ。

　試しに、3 年生の子に「2 m のテープを 4 人で同じ長さに分けました。1 人分は何 m でしょうか」とたずねてみるとよい。小数であれば、おそらく全員の子が「0.5 m」と答えるだろう。けれども、分数では「$\frac{1}{2}$m」と「$\frac{1}{4}$m」に意見が分かれることが予想される。

　このことは、日常生活で使われている分数に、割合のイメージが強いことを表している。そこに、分数の難しさがあるのかもしれない。

　実際に紙テープなどを用いて、「$\frac{1}{2}$ m」になることをとらえさせたいものである。

2．仮分数と帯分数

　4 年生では、仮分数や帯分数について学習する。この時に、基本となることは、「単位分数のいくつ分」で表すことである。

　この表現を子どもから引き出すために、次のようなゲームで導入する。

　パターンブロックの正六角形を提示し、「このブロックは、なっちゃん王国のお金『1 ダル』です」と言う。そして次に、正三角形のブロックを見せて、「これは何ダルと言えばよいでしょうか？」

　パターンブロックを使って模様づくりなどをしたことのある子どもたちであれば、正三角形を 6 個つなげると正六角形になることを知っている（経験のない子どもたちであれば、実際に並べてみる活動をどこか

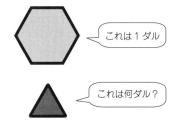

これは 1 ダル

これは何ダル？

で取り入れる必要がある）。そのことを思い出して、「$\frac{1}{6}$ダルと言えばよい」ということに気づく。

　正三角形のブロック 1 個が「$\frac{1}{6}$ダル」であることを約束してから、一人ひ

とりにこれを６個ずつ配る。つまり、１人１ダルずつ持つことになる。そして、「じゃんけんゲーム」を行う。やり方は、次のとおり。

①１人１ダル（正三角形のパターンブロック６個）を持つ。
②教室内を歩き回って、出会った子とじゃんけんをする。
③じゃんけんで勝ったら、相手からブロックを１個もらえる。
④６回じゃんけんをしたら自分の席に戻り、いくらになったかを記録する。

例えば、最後に手元に残ったブロックが９個だったとする。これを、何ダルと表せばよいかということを考えさせる。

「$\frac{1}{6}$ ダルが９個だから、$\frac{9}{6}$ ダル」「そう言えば、$\frac{1}{6}$ ダルが２個だったら $\frac{2}{6}$ ダル、３個だったら $\frac{3}{6}$ だもんね」というようなやりとりが子どもから出てくるとよい。

さらに、「６個で１ダルになる」ことを思い出した別の子は、「１ダルと $\frac{3}{6}$ ダルと言うこともできるんじゃない？」と言う。下のように変換させる動きを見て、「両替みたい」という子もいる。

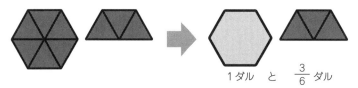

１ダル　と　$\frac{3}{6}$ ダル

このような子どもの言葉を認めながら、「$\frac{9}{6}$」や「１と $\frac{3}{6}$」のような表現があること、それぞれを「仮分数」「帯分数」ということを教える。また、仮分数を帯分数に、帯分数を仮分数に変換する方法について考える時にも、ブロックを用いて両替のようなイメージを持ちながら説明し合うと理解しやすいようである。

3. 分数の大きさ比べ

4年生では、等しい分数についても学習する。

上述の「$\frac{3}{6}$ダル」については、1ダルの半分であることから、「$\frac{1}{2}$ダル」とも表せることに気づく子は多い。パターンブロックでは赤色の台形がこの大きさである。

分母が違っても同じ大きさを表す分数があることを学習したら、簡単な場合について、異分母分数の大小比較をさせてみたい。

例えば、次のような2つの分数の大小を比べさせてみる。

① $\frac{2}{6}$ と $\frac{1}{2}$　　② $\frac{1}{3}$ と $\frac{1}{4}$　　③ $\frac{2}{3}$ と $\frac{3}{4}$

$\frac{1}{2}$ ダル

①は、上述の $\frac{1}{2} = \frac{3}{6}$ であることを使えば説明できる。

もっと簡単に考えると、「$\frac{1}{2}$ は半分のことで、$\frac{2}{6}$ は半分より小さい」ことから、$\frac{2}{6} < \frac{1}{2}$ であることは明らかである。

②は、同じ大きさのものを「3人で等分した場合」と「4人で等分した場合」の1人分を比べてみるとよい。少ない人数で分けた方が1人分は多くなることから、「分子が等しいときは、分母が小さい方が大きい」ことがわかる。

③は、それぞれ「あとどれだけで1になるか」を考えてみる。「$\frac{2}{3}$ はあと $\frac{1}{3}$」「$\frac{3}{4}$ はあと $\frac{1}{4}$」で1になる。②の結果から、$\frac{1}{3} > \frac{1}{4}$ とわかるので、$\frac{2}{3} < \frac{3}{4}$ と判断できる。あるいは、アナログ時計の文字盤を思い浮かべてみると、$\frac{2}{3}$ は「12から8」で、$\frac{3}{4}$ は「12から9」の大きさである。このことからも同じ結論を導き出せる。

5年生になると、通分について学習する。通分はいつでも使えるよい方法なのだが、この方法を知ると、分数のイメージを持たずに処理をしてしまうようになるのではないだろうか。

4年生の知識でも大小の比較ができる異分母分数がある。大小の判断をした理由を説明させた時に、その子がもつ分数に対するイメージを引き出すことができる。その豊かなイメージを共有させていきたいものである。

3 計算の仕方を表す、筆算の仕組みを考える〈かけ算〉

～既習の計算をもとに、答えの求め方を考える～

1.（2桁）×（1桁）の筆算の仕組みを考える

　1□×□の□の中に2, 3, 4, 5の数字のどれかを入れて、かけ算の式をつくることを考えてみる。同じ数は一度ずつしか使うことができないことにする。いろいろな式が考えられるが、その中で、答えが最小になる式はどのような式だろうか。

　「答えが最小」だから、□の中に入れる数は2と3にすればよさそうだが、12×3と13×2の答えは同じになるだろうか。

　2つの式を計算して答えを比べる前に、「かけ算は、かけられる数とかける数を入れ替えても答えは変わらないから、12×3と13×2の答えは同じ」と考える子は多い。ところが、計算してみると12×3＝36、13×2＝26となり、答えは同じにならないことがわかる。答えが最小になる式は、13×2のようだ。

　次に、答えが最大になる場合を考えてみる。今度は、□に4と5を入れればよさそうだ。14×5＝70、15×4＝60となる。

　ここまでの結果を見て、「面白いことに気づいた」と言う子がいる。子どもは、同じところがあると面白いと感じる。それは、次の2点である。

ア．かけられる数とかける数の□の中の数を入れ替えると、答えは10違う。

イ．□に入れる2つの数のうち、大きい方をかける数に入れると答えは大きくなる。

　この発見がいつでも成り立つかどうかを確かめるために、□の中に別の数を入れて計算してみることにする。

〔3と4〕 13×4＝52、14×3＝42→答えは10違う

〔2と4〕 12×4＝48、14×2＝28→答えは20違う

〔3と5〕 13×5＝65、15×3＝45→答えは20違う

〔2と5〕 12×5＝60、15×2＝30→答えは30違う

これらの結果を見ると、先ほど見つけたきまりのイは成り立つが、アはいつでも成り立つわけではないことがわかる。けれども、別のきまりがあることに気づく子がいる。

ウ．□に入れる２つの数の差の 10 倍だけ答えが違う。

ということである。〔3と4〕の場合は差が 1 なので答えの差は 10 となり、〔2と5〕の場合は差が 3 なので答えの差は 30 といった具合である。

子どもは、新しい発見があると、自分が見つけたきまりを他の子に伝えたくなる。そして、興奮したように話し出すのだが、なかなかうまく伝えられない。

この例の場合は、「かけられる数」「かける数」という用語を正しく使ったり、場合分けをしながら話したりすることも求められる。

このような経験を繰り返すことによって、子どもの表現する力、伝える力は、少しずつ高まっていく。

2. 「なぜ」を考える

次に考えるべきことは、「なぜ、イやウのきまりが成り立つのか」である。

ここで、〔2と3〕の場合について、計算の仕方を見直してみることにする。

$$
\begin{array}{r}
12 \\
\times\ \ 3 \\
\hline
6 \\
+30 \\
\hline
36
\end{array}
\qquad
\begin{array}{r}
13 \\
\times\ \ 2 \\
\hline
6 \\
+20 \\
\hline
26
\end{array}
$$

12×3は 12 を 10 と 2 に分け、それぞれに 3 をかけて計算する。そのことを筆算で表すと左のようになる。

13×2についても、同じように筆算の部分積がわかるように書き表して比べてみると、6 は変わらないのだが、30 と 20 の部分だけ異なることがわかる。この違いは、10 ×（かける数）の違いである。だから、イやウのようなきまりが成り立つのである。

また、2色のおはじきを使って、●は 10、○は 1 を表すと約束すれば、12 × 3 と 13 × 2 は、それぞれ右のように表すことができる。

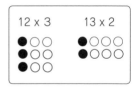

この2つを見比べてみても、○の個数は同じで ●の部分の差が全体の個数の差になることがわかる。●の個数は、かける数と同じであることから、2つの式の答えの差は、一の位の数の 10 倍ということが言える。

このように、「いつも同じになる」ことを見つけたら、「なぜ、そうなるのか」を考えてみようとする子にしたい。「なぜ」を考える時に手がかりになるのは、「どのようにして答えを求めたのか」ということに立ち戻って考えてみることである。

ここでは、「筆算の仕組みをもう一度見直してみる」とか「おはじきを使って表してみる」ことが、その手がかりになったのである。

3. 2桁×2桁のイメージを持つ

おはじきは、中学年においても、計算の意味を理解させたり、計算の仕方を考えたりする時に使える便利な道具である。

3年生では2桁×2桁についても学習するが、この時も、おはじきを並べてアレイ図を作り、それを使って計算の仕方を考えたり、答えの求め方について説明したりする。

例えば 12 × 23 という式をアレイ図で右のように表す。そして、「12 × 10 はわかるよ。120 だよ」
「12 × 20 はその 2 つ分だから 240 だよ」
「12 × 23 の答えは、240（= 12 × 20）に 12 × 3 をたした数だよ」
というように、答えがわかるところから考えていけるとよい。

　また、この図を使って、12 × 23 という式と、この式の被乗数を 1 増や
し乗数を 1 減らしてできる 13 × 22 という式の答えを比べてみても面白い。
答えは変わるだろうか。

　一の位を見るとどちらも 2 と 3 であることから、答えの一の位はどちらも
6 になることがわかる。このことから、「答えは変わらない」と考える子も
いる。しかし、実際に計算してみると、12 × 23 = 276、13 × 22 = 286
となり、答えが 10 増えることがわかる。この 10 の差について、アレイ図
を使って考えてみる。

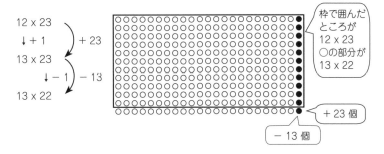

　枠で囲んだところが、縦 12 個、横 23 列なので 1 2 × 2 3 を表す。その
縦の個数を 1 個ずつ増やしたのが 1 3 × 2 3 である。だから、1 2 × 2 3 と
1 3 × 2 3 を比べると、枠からはみ出ている一番下の横 1 列分だけ増えるこ
とになる。その増えた数は 23 個である。

　次に、1 3 × 2 2 にするには、縦に 23 列あったものを 22 列にするわけ
だから、右端に縦に並ぶ●の分だけ減らせばよい。減った数は 13 個である。

　23 個増えて 13 個減るから、全体で 10 個減るということがわかる。

　「被乗数を 1 増やした時に、答えは乗数の分だけ増える」「乗数を 1 減ら
した時には、答えは被乗数の分だけ減る」ということを、言葉で聞いただけで
は理解するのが難しい。けれども、図と照らし合わせながらその表現を聞い
てみると、どの部分が増えているのかが見えてくる。図と式を行き来するこ
とを通して、イメージを持ちながら考えることができるようにしたい。

○○○○○○○○○

4 計算の仕方を表す、筆算の仕組みを考える〈4年：わり算〉
～既習の計算をもとに、答えの求め方を考える～

1. 自分がわかる形に変えてみる

　3年生で学習するわり算の範囲は、かけ算九九の逆（1位数でわったときに答えが1位数になる計算）と、簡単な場合（30÷3、48÷4のような計算）について2位数÷1位数＝2位数となるようなものまで、である。

　平成元年度版の学習指導要領では、かけ算九九の逆までの範囲を扱っていたために、20÷2の答えを「9あまり2」とする誤答が多く見られた。わり算の意味を理解し、20÷2で答えを求める場面を思い浮かべることができれば簡単に「10」と答えられそうなものだが、「2の段の中で答えが20に近いのは……」と、あまりのあるわり算の計算の仕方にしたがって答えを求めると、「9あまり2」となってしまうのである。

　この例のように、子どもたちは形式を覚えてしまうと、その形式を使って答えを求め、出てきた答えに疑問を持たない子が多いようである。それを防ぐためにも、自分がわかる形に変えたり、置き換えたりしながら考えられるようにしていきたい。

　自分がわかる形とは、例えば次のようなことである。

○**具体的な場面に置き換えて考える。**

○**図に表してみる。**

○**自分のわかる数に分解したり、簡単な数に置き換えたりして考える。**

　例えば、20÷2の式は、「10円玉2枚を2人で分けると、1人分は10円玉1枚」と見ることができる。図に表してみても、それほど難しいことではない。このことを使って、30÷2を図に表してみると、子どもたちは次

のような図を考える。

　一目瞭然で、説明はいらないかもしれないが、左の図は、真ん中の⑩を半分に分けて、「10 と 5 で 15」と考えている。一方、右の図は全体を半分にして、「5 が 3 つで 15」と考えたものである。

　30 ÷ 2 の計算は、4 年生の範囲の内容だが、計算のイメージを持っていれば、3 年生でも上のような図をかいて答えを求めることはできるだろう。

　このように、数や式を、自分がわかる形に変えたり、自分のわかる図に表したりできる力を育てていくことが大事になる。

2．48 ÷ 3 について考える

　48 ÷ 3 も 4 年生で学習するわり算である。すぐには答えが求められないので、「これなら答えが求められるよ」という数に分解して考えてみることができるとよい。

　例えば、48 を 2 つに等分してみる。すると、24 と 24 に分けることができる。24 ÷ 3 であれば、かけ算九九の逆で答えが求められる。

　48 の半分の 24 を 3 でわると 8。もう半分の 24 も 3 でわると 8。

　「半分の 3 分の 1 と、半分の 3 分の 1 を合わせたものは、全体の 3 分の 1」と考えることができれば、この 8 と 8 をたした 16 が 48 ÷ 3 の答えとなることがわかる。

　あるいは、48 ＝ 8 × 6 であることを使ってみる。

　8 × 6 ＝ 48 を具体的な場面に置き換えてみると、「1 箱にボールが 8 個ずつ入っている。その箱が 6 箱で 48 個ある」という場面が思い浮かぶ。これを 3 人で同じ数ずつ分けることを考えてみる。

　6 箱を 3 人で分けるから、1 人分は 2 箱である。2 箱分のボールの個数は

8 × 2 = 16 と求められる。

このことからも、48 ÷ 3 = 16 であることがわかる。

48 を「10 のかたまり 4 つとばらが 8 つ」と考えてもよい。

折り紙が 10 枚ずつの束になっていると考えると、48 枚は束が 4 つとばらが 8 枚ということになる。これを 3 人で等分することを考えてみよう。

まずは、3 人がそれぞれ 1 束ずつもらう。その後で、残りの 18 枚を 3 人で分ける。すると、1 人分は 1 束と 6 枚である。つまり、16 枚ずつに分けられるということになる。

このように、具体的な場面に置き換えて、実際にそのような場面に出くわしたときにどのように分けるかを考えてみる。あるいは、既習の範囲で計算できる形に分解してから考えてみる、というようなことができるとよい。そして、自分がしたことを言葉や図、式などで表現できるようにしたい。

3．問題場面の中に、手がかりをちりばめる

直面している問題を解くカギを見つけるためには、手がかりとなる情報をその問題場面から集め、自分の解決方法に合わせて整理していくことが求められる。

ところが、「48 個のおはじきを 3 人で同じ数ずつ分けます。1 人分は何個でしょうか」といった問題文をポンと与えられただけでは、どこから手をつければいいのかわからずに困惑してしまう子も多い。新しい発想も出てきにくい。そこで、問題場面をより限定したものにして提示することもある。

例えば、問題文を次のようにしてみる。

> はる子さんとなつみさんが、2 人でパーティーを開きます。
> クッキーを 4 ふくろ用意しました。
> クッキーは、1 人何枚ずつもらえるでしょうか。

　条件不足の問題である。問題場面を把握できた子どもから、「１袋にクッキーは何枚ずつ入っているの？」「全部の袋に同じ数ずつ入っているの？」という質問が出てくる。その質問に、「１袋にクッキーは 12 枚ずつ入っているよ」「全部の袋に同じ枚数ずつ入っているよ」と答えながら、どのような場面であるのか、答えを求めるには何が必要か、ということが全員に伝わるようにしていく。

　子どもたちは次の２通りの方法で答えを求めた。

〔全部の枚数を求めてから〕　12 × 4 ＝ 48　48 ÷ 2 ＝ 24　　答え 24 枚
〔袋を分けてから〕　　　　　　4 ÷ 2 ＝ 2　　12 × 2 ＝ 24　　答え 24 枚

　２人で等分する場合の答えがわかったところで、「そこに、あきお君もやってきました」という話を付け加える。つまり、48 枚のクッキーを３人で等分するわけである。

　子どもからは、「えーっ！」という反応も出る。無理もない。せっかく答えを求めたのに、分ける人数が増えた。しかも、今度は４８÷３という難しい計算をしなければならないのだ。

　ところが、子どもの中には、上の〔袋で分けてから〕の方法を使えばよいことに気づく子もいる。

　つまり、最初に、４つの袋のうち３袋を３人で分ける。すると、１人１袋ずつもらえて１袋あまる。次に、残った１袋を３人で分ける。１袋には 12 枚入っているので、それを３等分すると１人分は４枚である。だから、１人分の合計は、１袋（12 枚）と４枚を合わせた 16 枚となるというわけだ。

　１人分＝１袋＋１袋の $\frac{1}{3}$ ＝ 12 枚＋４枚＝ 16 枚

　このことを、実際に封筒に入ったおはじきを分ける操作を通して確認し、授業を終えた。

　48 ÷ 3 という計算について考えることを通して、「48 は 24 の２つ分」「48 は８×６」「48 は 12 の４つ分」などのように、48 という数を、子ども自身が、自分の計算しやすい形に変えてみる場を作っていけるとよい。

5 量の大きさを表す
～単位となる量を決めて、その「いくつ分」で表させる～

1. 量の大きさを数値で表す

3, 4年生で扱う量には、次のようなものがある。

〔第3学年〕長さ（巻尺、km）、重さ（g, kg, t）、時間（秒）
〔第4学年〕面積（c㎡、㎡、k㎡、a、ha、長方形と正方形の求積公式）
　　　　　角の大きさ（ °）

　いずれの量の場合も、単位となる量を決め、そのいくつ分かを測定することによって数値で表すことができる。それは、低学年で学習したcmやmm、mといった長さや、L、dL といった嵩と同じである。

　低学年で学習した過程と関連付けながら、その意味について理解させるとともに、適した単位を用いて表現できるようにしたい。

　ここでは、4年生の「面積」の学習を中心にその具体例について考えていくことにする。

2. 等積変形の仕方を表す

　右は、1cm方眼の上にかいたトラとサルの絵である。これを一瞬だけ見せて、「どちらの顔が大きいかな？」とたずねてみる。子どもたちは「もう一度見せてほしい」と言う。「マス目の数を数えればわかる」というのだ。

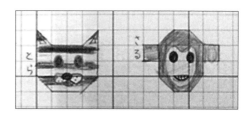

　それぞれ数えてみると、どちらも 12 マス分であることがわかる。そのことを説明するときに、等積変形を表す表現が子どもから出される。

　例えば、「トラの顎の部分の台形を、頭の上に持っていく」とか「トラの耳の部分の直角二等辺三角形を切り取って、顎の下の左右にくっつける」といった具合である。ちょっと恐ろしい表現とも受け取れるが、図を使いながらの説明には、子どもたちもうなずきながら聞いている。

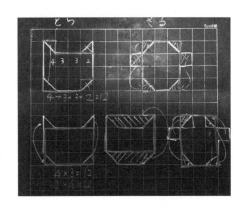

　また、別の子は、「どちらも同じ長方形に変形できるから同じ大きさと言える」「マスの数を数えるとき、かけ算が使える」という説明をする子もいる。

　このような表現が、公式をつくったり、5 年生で学習する平行四辺形や三角形などの面積について考えるときに生きてくる。

「方眼に、面積が 12cm²になる図形をいろいろかきましょう」のように、決められた面積の図形をいろいろ作ってみる活動は、教科書にも載っている。このような活動の時には、「縦×横」ということは考えずに、1cm²の正方形を 12 個数えながら形づくりを楽しんでいるのだが、長方形や正方形の求積公式を学習した後は、面積の意味や公式をつくるまでの過程を忘れてしまい、公式ばかりを頼りにしてしまう子が出てきてしまうこともある。

　数える活動、つくる活動を取り入れながら、単位となる「1cm²のいくつ分」で面積が表されることをきちんと理解させるようにしたい。

　本書の付録DVDで紹介している「正方形の面積」の授業も面積の意味を確認するとともに、5 年生の学習へのつながりを意識したものである。合わせてご覧いただきたい。

⬜ 3．量感を育てる活動を通して

　量感を育てる指導も重視したいところである。

　平成 20 年度の全国学力調査に、「約 150㎠の面積のもの」を 4 つの中から選ぶ問題が出題されたが、正解の「年賀はがき」を選んだのは、たったの17.8％で、「算数の教科書の表紙（49.2％）」や「教室の床（30.6％）」を選んだ子よりもだいぶ少なかったことが報告された。

　公式を使って面積を求めることができても、その大きさを実感するところまで至っていないということなのだろう。

　㎡や a などの大きな面積についても同じことが言える。そこで、1㎡についての指導後、その大きさを作らせてみるとよい。

　4 人グループにビニルテープを 1 本ずつ配る（グループごとに色を変えるとよい）。このビニルテープで、教室の床に、1 辺 1 mの正方形を作らせるのである。早く完成したグループには、長方形を作るように促す。すると、喜んで作り始めるのだが、縦 50㎝、横 20㎝の長方形を作って、「できた！」と言うグループが必ずいる。はじめに作った正方形と見比べながら、「同じ面積かなあ？」と言っても、「計算すると同じになる」と答えるのが不思議だ。その答えが本当に正しいかどうかについて話し合わせることを通して、1㎡＝ 10000㎠であることなどにも気づかせることもできる。いろいろな 1㎡ができあがったら、その中に何人入れるかを試してみてもよい。

　また、朝の運動の時間を利用して、運動場でドッジボールをするときに、1 辺 10 mのコートを引き、その中でゲームをやらせることもある。運動場の中では小さく感じるかもしれないが、「教室とどちらが広いかなあ」と質問して教室よりも広いことに気づかせると、驚いた表情を見せる。

4．わかるものに置き換えて表す

　量に対する感覚は、見た目や持った時の感じ方のようなものもあるが、わかるものに置き換えて表すとつかみやすいことが多い。

　例えば、本校の第 2 運動場は長方形の形をしていて、長い辺は約 100 ｍ、短い辺は約 50 ｍである。ということは、「1 ha は第 2 運動場の 2 つ分の広さ」であることがわかる。このことから、1 ha の広さをイメージできるのである。

　他の量についても、別のものに置き換えてみるとわかりやすいことがある。

　例えば、水 1 L は 1 kg。1 円玉 1000 枚（1000 円分の 1 円玉）も 1 kg。このことを実際に秤で量って確かめる。そして、これを手に持ってみることによって、1 kg を感覚的にとらえることができる。

　さらに、その感覚を鋭くさせるために、運動場に連れ出して、次のような課題を出すこともある。

「今から砂場に行って、ビニル袋に、砂を 1 kg ずつ入れてきてください」

　砂場は運動場の奥にあり、秤は校舎の近くに置いておく。秤の横には、ペットボトルに入った水 1 L も置く。子どもは、自分の感覚を頼りに、「これがちょうど 1 kg」と思う量の砂を袋に入れたら、秤のところまで持ってきて重さを調べるのである。ぴったり 1 kg になるまで、秤と砂場の間を往復しなければならない。1 kg の感覚を知りたいときには、水 1 L を持ち上げてみる。子どもの感覚は鋭くて、2 ～ 3 回でぴたりと 1 kg をつくることができる。

　長さや角度も、その量がわかっているものと比べたり、置き換えたりすることによって、見当をつけてその量をイメージしたり表現したりできるようになるとよい。

　例えば、次のようなものであれば、子どももわかるのではないだろうか。

〔長さ〕黒板の横の長さ、教室の縦の長さ、駅からの道のりなどと比べる。

〔角度〕直角や時計の針の回転角と比べる、正三角形の 1 つの角度は 60°

（時間は、同じ時間でも早く感じる時と遅く感じる時があって難しい？）

6 図形の性質を表す
〜構成要素の特徴に着目して図形を分類させる〜

1．似て非なる形を、図形の性質を用いて分類する

　円周上に等間隔に並んだ 12 個の点と中心を合わせた 13 個の点の中から
3 つの点を選び、直線で結ぶ。そうしてできた三角形を仲間分けさせてみる。
最初に、次の 5 つの三角形を子どもに示し、2 つの仲間に分けてみる。

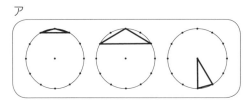

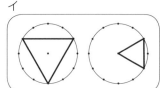

　これらが、ア「2 つの辺の長さが等しい三角形」とイ「3
つの辺の長さが等しい三角形」に分かれることを確認した
後で、右の三角形①は、アとイのどちらの仲間に入れれば
よいのかをたずねてみる。

〈三角形①〉

　三角形①は、直角二等辺三角形なので、アの仲間である。けれども、三角
定規などで見慣れているせいか、バランスのよい形であるせいか、クラスの
半数の子が、「イの仲間だ」と答えた。

　この意見に対し、アの仲間だという意見の子が、「イの仲間ではない」と
いう理由を述べた。

「この三角形を回してみると、こんなふうになるでしょ」

と言いながら、三角形①の向きを変えた。そして、次のように続けた。

「すると、上の頂点が真ん中にこないけど、イの形はいつでも頂点が真ん中
にくる形。だから、この三角形はイの仲間ではない」

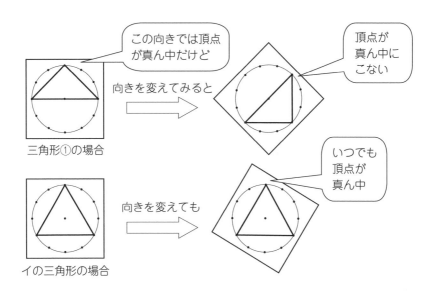

三角形①の場合

イの三角形の場合

このようにして、子どもたちは、正三角形（イの仲間）は、どの辺を下にした場合も、左右対称になる形であることに気づいていった。

2. 図形の定義や性質を用いて説明する

次に、別の三角形②を提示して、同じように「どちらの仲間かな？」と問いかけてみる。子どもの多くは、「おや？」と思う。どちらの仲間にも入らない三角形だからである。

〈三角形②〉

この形がどちらの仲間にも入らない理由を、最初に指名された子どもは、まず、先ほどの方法を使って説明しようとした。
「向きを変えてみると、どの辺を下にした場合にも、頂点は真ん中にこない」
「周りに長方形をかいてみると、三角形の外側の部分の大きさが違う」
といった説明である。

別の子は、辺の長さに着目して、アの仲間でも、イの仲間でもないことを説明しようとする。

「間の点の数が違うから、辺の長さも違うと思う」

「紙を透かして、辺がぴったりと合うように折ると、辺の端っこがずれてしまう。どこで折ってもそうなってしまうから、同じ長さの辺がない」

このような理由によって、〈三角形②〉はアでもイでもない三角形ということをみんなで納得していった。そして、新たにウの仲間という枠を作った。

ここまでの話し合いによって、二等辺三角形や正三角形のいろいろな性質がだいぶ見えてきたようである。

最後に、右の〈三角形③〉を提示して、同じように、どちらの仲間かを問う。

ここでも意見が分かれる。「アの仲間」と、「ウの仲間」の２つの意見である。３つの辺のうち、２つの長い辺の長さが同じかどうかということがはっきりしないのである。

「さっきみたいに、２つに折って、辺を重ねてみればよい」

そうＮ子が言った。これを受けて、

「そうだね。折ってみればわかりそうだね。その方法で、後で確かめてみるけど、他に、アの仲間か、ウの仲間か、はっきりさせる方法はないかな？」

とさらに子どもたちを追い込んでみる。

〈三角形③〉

すると、左側の辺は中心を通っていることに目を付けた子がいた。そして、次のように説明した。

「左の辺は、中心を通っているから直径でしょ。右側の辺は、直径じゃないから、直径は円の中で一番長いところだから、直径の方が長い」

日本語としてはおかしな言い回しだが、言いたいことはわかる。

「左の辺は直径に等しい」→「直径は円周と円周を結ぶ直線の中で一番長い」→「右の辺は直径ではない」→「だから、左の辺は右の辺よりも長い」というように、きちんと理屈は通っているわけである。長さを測らなくても、折って重ねてみなくても、左の辺が右の辺よりも長いことを、円の性質を使って説明している。

3. 図形をつくることを通して、その定義や性質を見直す

　学習指導要領解説には、 3 年生の算数的活動の例として、正方形の折り紙を折って正三角形をつくる活動が紹介されている。　　（算数編 p 108、下図参照）

〔折り紙から正三角形を構成〕

① 〔折り目を付ける〕

②③〔右下の頂点を折り目の上に重ねて、そこに印を付ける〕

④ 〔折り紙の頂点と印の点を結ぶ〕

　これは、「正三角形は 3 つの辺の長さが等しい三角形である」という定義と、「正三角形は線対称な図形であり、頂点は向かい側の辺の垂直二等分線上にある」という性質を用いた活動と言える。また、紙を折ることによって、定規やコンパスを使わずに、正方形の 1 辺の長さを他の位置に写し取っているのである。

　図形のつくり方を考えたり、「なぜ、このつくり方で正三角形ができるのか」を話し合ったりするときに、子どもから「正三角形は半分に折るとぴったり重なるよ」とか「3 つの辺の長さが同じになるようにつくればいいよ」のような表現が引き出せるとよい。それは、正三角形の定義や性質の深い理解につながるからである。

　様々な向きに置いてみる。様々な方向から眺めてみる。折ってみる。かいてみる。切ってみる。他の形と比べてみる。それらの活動の中で見たこと、気づいたこと、感じたことを自分の言葉で表現してみることで図形の見方が少しずつ豊かになり、他の場面でも活用できる知識となるのである。

7 立体を表す
~立体を分解したり、組み立てたりしながら観察させる~

1. 形の特徴や動きを自分の言葉で表す

4年生で、直方体や立方体について学習する。

教科書では直方体から導入されることが多いが、私は、立方体の1面足りない形（ふたのない箱の形）から導入する。その方が、面の数が少ないし、組み立てた時に「底」になる部分を基準にして展開図を考えることができるために考えやすいからである。

最初に、工作用紙で作った右の形を見せて、「これは何でしょう？」と問う。

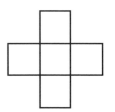

すると、子どもからは様々な言葉が飛び出す。

「十字架」「漢字の十」「たすの記号」「ななめにすれば、かけるの記号になるよ」「お花」「風車」「病院のマーク」「ゲームの十字キー」……。このように、自由に豊かな発想をし、それを表現できる子どもたちの姿は微笑ましい。形の特徴をとらえ、自分の知っているものに置き換えて表しているのだ。

中には、「正方形が5枚」というように言い表す子もいる。形を構成している「正方形」に着目して、その数を答えている分析的な表現と言える。

さらに、「箱」という子がいる。先行経験による違いと思われるが、「箱」という答えがわかる子とわからない子に分かれる。そこで、「わかる」という子に、もう少し詳しく話してもらう。

すると、「組み立てると、ふたのない箱になる」「正方形がつながっているところで折り曲げてまわりを起こすと、箱になる」のような言い方で、自分の思っていることをなんとか伝えようとする。

　「わかる」と言う子の頭の中では、正方形が立ち上がり、辺と辺がつながっていく動きがイメージできている。ところが、頭に思い描いている映像を他の子に伝わるように言葉で表すのは難しいことである。その難しいことを何とか乗り越えようとして、言い方を工夫し絞り出すことによって、子どもたちの表現の幅は広がっていく。

　子どもの表現を、実際に箱ができ上がっていく動きと比較しながら確認し、その表現のよいところを褒めてあげることによって、自分の言葉で言い表してみようとする子が少しずつ増えていってくれるとよい。

　ここでは、「立方体」と「展開図」という言葉はこちらから教えるが、それぞれの関係（下図の吹き出し部分）については、子どもの言葉を生かして板書に整理していく。

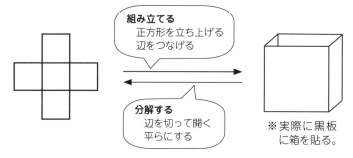

組み立てる
正方形を立ち上げる
辺をつなげる

分解する
辺を切って開く
平らにする

※実際に黒板
に箱を貼る。

2. 見取り図をかく

　上のように整理したものを、ノートに写させる。

　この時、子どもは実物の箱をどのようにノートにかけばよいのか、困ってしまう。ほとんどの子はうまくかけないが、それでも何とか工夫してかかせてみる。すると、ノートにはいろいろな見取り図が完成するのだが、この「うまくかけない」「もう少し格好よくかきたいな」「どうかいたら、箱のように見えるだろうか」と感じることが必要なのだと思う。

　その後、もう一度よく観察させるとか、見取り図

のかき方を教えてあげるとかすれば、子どもの意識も違ってくる。

3. 結果を言葉で表現する

この授業の後半では、正方形が5枚つながった別の
形を提示して、組み立てたら「ふたのない箱」ができ
るかどうかを問う。子どもたちの予想は、「できる」
と「できない」に分かれる。そこで、実際に作らせて
みることにする。

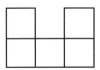

5枚の正方形を子どもに配り、セロハンテープで同じようにつないで組み
立てさせてみる。すると、箱は「できない」ことがわかる。

ここで、子どもたちに「どうなりましたか?」と尋ねると、手元にある実
物を差し出して、「こうなりました」と答える子が多い。そういう時こそ、
子どもの表現力を鍛えるチャンスである。あえて、「どうなったか、言葉で言っ
てごらん」と子どもに返してみる。

すると、ちょっと考え込んだ後、「ちりとりみたいな形になった」「犬小屋
の形になった」のように、できあがった形と似て
いるものにたとえた表現や、「重なる正方形がある」
「開いているところが2つになった」のように、面
の位置関係など状態を表す表現が聞かれる。その
子の言いたいことを確認し、表現のよさを認めな
がら、次の活動へと展開していくとよい。

4. 展開図と立体の行き来

正方形を5枚つなげてできる形(ペントミノ)は全部で12種類ある。そ
れらは、組み立てた時に箱ができる形(8種類)と箱ができない形(4種類)
に分けられる。

例えば、先ほど示したアルファベットのUの字の形をしたペントミノは、

箱ができない形である。一方、右の
形は、組み立てると箱の形になる。

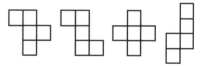

　この形に正方形をもう 1 枚つなげ
て、立方体の展開図をつくることを考えてみる。正方形をどこにつなげば立
方体の展開図になるだろうか。また、つなげられる場所は何か所あるだろうか。
このことについて考えてみると、上のどのペントミノの場合にも、立方体の
展開図にするために正方形をつなげられる場所は 4 か所あることがわかる。

（例）

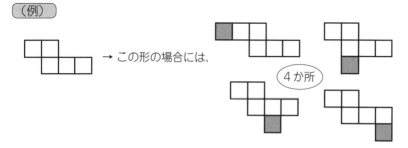

→ この形の場合には、

（4 か所）

　ここで新たな疑問が湧いてくる。「どうしていつも 4 か所なの？」と。

　この問いの答えを考えるには、もう一度、上の形を組み立ててできる「ふ
たのない箱」の形に「ふた」になる正方形をつけることを考えてみるとよい。
箱の上の開いている部分に「ふた」をつなげるわけである。つなげる箇所は、
空いている部分の縁にあたる4つの辺のどれかである。ということは、展開
図で考えた場合も、正方形をつなげる部分は4か所になるということである。
展開図のままでは考えにくいことが、立体にすることで考えやすくなる例と
言える。

　逆に考えると、「ふたのない箱の展開図のどこに正方形をつなげば立方体
の展開図になるでしょう」という問題について考える時には、組み立てた時
に上の開いている部分の縁がどこになるかを考えればよいわけである。

　「開いてみると…」「組み立てると…」というように、展開図と立体を行き
来しながら説明する場が多くあると子どもの思考力も高まると考える。

8 図形をつくる、図形をかく
～道具を使って正しく作図できるようにする～

1. 具体的な場面を通して、定義を理解する

中学年で指導する図形には、次のようなものがある。

〔第3学年〕二等辺三角形、正三角形、円、球

〔第4学年〕平行四辺形、ひし形、台形、立方体、直方体

これらの図形について、定義や性質をしっかりと理解させる必要がある。

円を例に考えてみたい。ある定点から等距離にある点の集まりを円という。この言葉をそのまま伝えても、子どもには何のことかわからない。そこで、具体的な経験を通して、この定義について理解できるようにしたい。

例えば、広い場所で多くの子が同時に輪投げのような場面を設定する。右図のように、輪投げをする人が並ぶ線を直線で囲まれた四角形とすると、子どもたちは「それでは、棒からの距離が違うので公平ではない」と言う。そこで、子どもから等距離にするためのアイディアを聞いてみる。

すると、棒やロープなどを使って、棒から一定の距離になるように印をつけていけばよいという方法が考え出される。この印をたくさんつけていけば、その点はきれいな円の形になっていく。

2. 円をつくる

ノートの上でも、子どもたちにこのことをやらせてみるとよい。

1点から等距離にある点を、たくさん簡単に打っていくための道具として、

右のようなものを、画鋲と工作用紙や糸
で作ってみる。

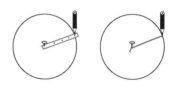

　この時に、画鋲から鉛筆までの距離が
半径になることをおさえるようにする。

　折り紙を切って円をつくるような活動も取り入れたい。

　子どもたちは試行錯誤を通して、折って
からハサミで切った方が、折らずに切るよ
りも、より円に近い形になることに気づい
ていく。

紙を4つに折り、切って開くと…

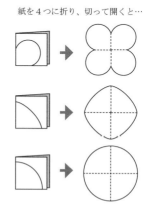

　折る回数も、1回よりも2回、3回と折
る方がより円に近い形にできる。

　このような活動を通して、円の対称性や
曲率が一定であることを感覚としてとらえ
ることができる。

3. コンパスを使って円をかく

　円をかく道具として、コンパスがあることを知らせる。コンパスは、画鋲
と工作用紙や糸を使って円をかいたときと同じ方法を使っている道具である
ことに気づかせたい。

　コンパスを使って円をかくには、持ち手だけを持ってクルッと一気に回す
などコツがいるので、模様づくりなどを通して楽しみながら使い方に慣れさ
せるようにしたい。

　また、コンパスは円をかくことのほかに、直線を同じ長さに区切る、同じ
長さを写し取る、同じ長さであることを確かめるといった時にも使う道具で
ある。このことは、三角形や平行四辺形などを作図する時にも利用される。
このようなコンパスの有用性について、操作活動を通して気づかせていくよ
うにしたい。

4．問題解決を伴う作図

模様づくりとわり算の活用問題を組み合わせてみても面白い。

例えば、右のような図を示し、「画用紙に同じ模様をかきましょう」という問題を出す。

「同じように」ということは、提示したこの図をよく観察し、どんな模様なのかを確認しなければならない。

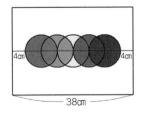

まず、次のような模様になっていることがわかる。

○円が5つある（5色ある）。

○円の中心は、1本の直線上にある。

○画用紙の端から円の端までの長さが、左右同じになっている。

この模様をかくために、子どもたちは、「1つの円の半径が知りたい」という。そこで、半径の長さを計算で求めることにする。

八つ切画用紙は、縦27cm、横38cmの長方形である。模様の両端を4cmずつ開けてこの模様をかくためには、1つの円の半径を何cmにすればよいかを考えさせるのである。

「円の数」は5個。「端から端までの長さ」は、計算で求めると $38 - 4 \times 2 = 30$（cm）。つまり、30cmの中に、円を5個つなげてかくことになる。このとき、「1つの円の半径」を何cmにすれば同じような模様になるだろうか。

この問題に対し、多くの子は、「半径は6cm」と答える。「30cmの中に円を5個かくから、$30 \div 5 = 6$（cm）」と考えるのである。

ところが、実際はこれではかくことができない。円の半径は、5cmにしなければならないのである。なぜなら、図を見ればわかるように、円は5個なのだが、半径は6個分になっているからである。だから、$30 \div 6 = 5$（cm）と計算しなければならない。

別の見方としては、重なっている円の左から2個目、4個目を取り除き、

右の図のように 3 個の円が並んでいるとみれば、30 ÷ 3 ÷ 2 ＝ 5（cm）と計算することもできる。

　このようにして、計算で半径を求めることができたら、その結果を用いて作図させてみるとよい。

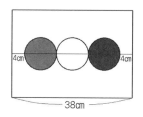

5．道具を使う機会を増やす

　中学年では、作図の機会が増える。コンパス以外にも、4 年生までに次のような道具を扱うようになる。

> ①直定規（2 年生〜）　　②三角定規（3 年生〜）
> ③コンパス（3 年生〜）　④分度器（4 年生〜）

　上記の 4 つに次の 3 つを加えて、私は「算数の 7 つ道具」として子どもたちに持たせるようにしている。

> ⑤はさみ　　⑥糊・セロハンテープ　　⑦電卓

　はさみは、紙を切ってその形をつくったり、図形を分割したりするのに使う。また、糊やセロハンテープは、敷き詰め模様をつくったり、立方体や直方体をつくったりするのに使うので、常備しておきたい。

　①から④の道具については、正しく使えるようにしなければならない。繰り返し使うことを通して、次のような作業がスムーズに行われるようにしたい。

〇三角定規を用いて、平行線や垂線を引く。平行四辺形や台形をかく。

〇分度器で角度を正しく測り、三角形や四角形を作図する。

〇コンパスを用いて 2 点から決められた距離の点を見つけ、正三角形、二等辺三角形、平行四辺形、ひし形などの作図に生かす。

9 きまりを見いだす、きまりを使う
～図や式を関係付けながら整理して、きまりを見いだそうとする～

1. 三角形の数と棒の数

下の図のように、棒で三角形をつくっていく場面を扱う。

三角形の数が、3個、4個、5個と増えていくにつれて、棒の数は7本、9本、11本と増えていく。

この変化の様子を見て、「三角形の数が1増えるごとに、棒の数が2本増える」と気づく子もいれば、そのことをもとにして、「三角形の数が5のとき、棒の本数は、1＋2×5で求められる」と言う子もいるだろう。

その後の展開としては、「では、三角形の数が10個だったら？」を考えさせる授業がある。本当にきまりが見えているのかどうかを確かめたり、一般化する力を育んだりするためには、それでよいのかもしれないが、子ども同士の話し合いでは、同じような説明が繰り返されることになってしまう。そうなるのは、「三角形の数→棒の数」という思考の向きが変わっていないからだと考える。

そこで、この授業の後半では、この思考の向きを変えてみる。

「棒の数→三角形の数」を考えさせるのである。

具体的な発問の形にすると、「21本の棒で同じようにつくると、三角形はいくつできるでしょうか」となる。

「三角形の数→棒の数」の時にはかけ算を用いたが、「棒の数→三角形の数」の時にはわり算を使えば答えが求められる。そのことが、わり算の意味を見直したり、かけ算とわり算の関係に気づいたりするきっかけになるのではな

いかと考える。

　このような問題解決の場面において、考えたり説明したりする時の子ども
の言葉に着目したい。おそらく、次のような言葉が出てくるのではないかと
思われる。

○図と図、式と式、図と式をつなぐ言葉

○考えと考えとをつなぐ言葉

◇見つけたきまりなど、根拠を示しながら説明する言葉

◇その方法ではできないという理由を説明する言葉

△仮定して話す言葉

　一言で表すならば、「関係付けながら整理する言葉」ということになるだ
ろうか。お互いの考えを解釈し、共有するために、これらの言葉をおさえな
がら授業を展開していくことによって、子どもたちが考えた跡を整理してい
きたい。

2．3年「わり算の活用」の授業（4年「変わり方」と関連）

（1）1つ目の図を提示する

　大画面テレビに右の形を映し、ほんの数秒だけ見

せる。そして、子どもに問う。

「何が見えましたか？」

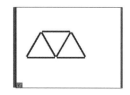

　最初に指名した子は「青い棒の三角」と答えた。

続いて、「青い棒の三角が3つ」「横に1列に三角がつながっている」と、だ
んだん詳しくなっていく。

　子どもたちが言った表現を合わせて、「青い棒でできた三角がつながって
いる形」と板書する。そして、三角形の数と、棒の本数を確認する。

（2）2つ目の図を提示する

　次の図を見せる。

　1回目よりも短い時間で棒が並び、さっと幕が閉じる。それでも子どもたちは、「棒の数がわかる」と言う。

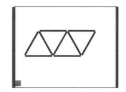

　Ｙさんは、黒板上にある最初の図に棒を加えながら、「2本増えるから9本」と説明する。このことを、板書にも残しておく。それが、この後で考える時の手がかりになる。

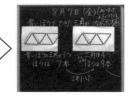

（3）次の図を想像してみよう

　続いて、3つ目の図の登場である。見せる前に、子どもに予想させると、「三角がもう1つ増えて5個。棒は11本」と言う。

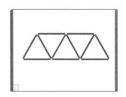

　この後、画面に登場したのは、子どもが予想した通りの図。ただし、ぱっと出てぱっと見えなくなってしまう。そこで、手元にある棒を11本並べて、本当に5個の三角ができるかどうか、確かめさせる。

（4）棒がバラバラだ

　4番目の画面の幕を開くと、右のような絵が出てくる。子どもたちは一斉に「わーっ」と声をあげた。「つくっていたのに、こわれてしまいました」

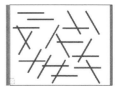

　子どもたちが「きっと嘘だよ」などと言っている中で棒をかぞえている子もいる。棒の数は「21本」である。

　そこで、次の問題を設定する。

「21本の棒で三角はいくつできるでしょうか？」

　ここで、考える時間を少しとることにする。できれば式も書くように促す。

　全員が自分の答えを出したところで、はじめにＲさんの式について考えてみることにする。

この式を見て K 君が「引く３って何？」と小さな声でつぶやいた。同じように思っている子はたくさんいるはずだ。この声を取り上げることにする。

「今ね、先生が思っていることと同じことを K 君が言っていたんだよ。K 君、もう一度言ってくれるかな？」

〔R さんの式〕
21−3＝18
18÷2＝9
9＋1＝10

K 君は「どうして２１から３を引くの？」と言ってくれた。この言葉にうなずいている子がたくさんいる。

そこで２１−３の式の意味をみんなで明らかにすることにする。

S さんは、「一番最初の三角形の本数が３本でしょ。それをまずここから取るの」と説明した。

続いて M 君は、「あとの三角形をつくるには２本でいいけど、最初の三角形は３本ないと無理だから…」と付け加えた。

三角形が３個、４個、５個の図でもそのことを確認した上で、２１−３＝18 の答えの 18 の意味も確認する。

（５）残りの式はわかるかな？

１番目の式は理解できた。残りの式はどうだろうか。N 君は「どうして 18 を÷２するの？」と、２番目の式について質問してきた。この式も難しい。

となり同士で話し合わせた後、２人そろって手を挙げていた M さんと S 君のペアに説明してもらうことにする。

「最初に３本の棒で三角を１つつくると、次の三角の一部がもうできているから、２本ずつたしていけばいいでしょ」と言いながら、マグネットの棒を動かしながら説明していった。この説明によって、わり算が使えることを理解できたようである。

この後、9 の意味、9＋1 の意味を確認してから、実際に棒を並べて三角形が 10 個できることを確かめた。

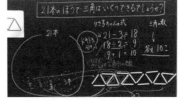

10 表やグラフで表す、表やグラフを読む
〜調べたいことがわかるように、
表やグラフに整理させる〜

📖 1. 整理して考える。根拠を明らかにして説明する

　筋道立てて考えていくためには、様々な情報の中から必要な要素を抜き出し、それらを整理することが求められる。そして、そこから結論を導き出すための根拠を明らかにしていかなければならない。他者に自分の考えを説明する時には、その整理の仕方や根拠を示しながら伝えていく必要がある。

　例えば、平成25年度に行われた全国学力調査のB問題に、下のような問題があった。この問題の正答率は51.2%。友達と遊園地に行って乗り物を選ぶという生活の一場面を扱ったものであり、「ほかに乗る乗り物」を考える時に、問題に示されたような複数の条件に当てはまるものを選ぶといった

ことは、遊園地以外でも子どもたちが経験していそうなことなので、もう少し正答率が高くてもよさそうなものである。

　ところが、「ゴーカートとボート」(15.8%)のようにひさこさんの残りの乗り物券では乗れないものを選ぶとか、乗り物の名前ではなく「2人とも選んでいない乗り物に乗る」のように条件を書いている誤答が多いと報告されている。
(「平成25年度　全国学力・学習

1

ゆりえさんたちは、遊園地に行く計画をたてています。

(1)ゆりえさんとひさこさんは、乗り物券を1人8枚ずつ買う予定です。
この遊園地の乗り物と、乗るために必要な乗り物券の枚数は、次の表のとおりです。

乗り物と乗り物券の枚数

乗り物	乗り物券の枚数（枚）
ジェットコースター	5
観覧車	4
ボート	3
ゴーカート	2
コーヒーカップ	1
メリーゴーランド	1

2人は、それぞれ下の乗り物に乗る計画を立てました。

ゆりえ	観覧車
	メリーゴーランド

ひさこ	ジェットコースター
	コーヒーカップ

2人は、まだ乗り物券が残るので、ほかに乗る乗り物を下のように考えました。

・残りの乗り物券で乗る。
・2人とも選んでいない乗り物に乗る。
・2人で同じ乗り物に乗る。

2人は、どの乗り物に乗ることができますか。答えを書きましょう。

状況調査　報告書（3．教科に関する調査の各問題の分析結果と課題）」より）

　このような結果を見ると、問われている事、明らかにしたい事柄に応じて、与えられた情報をどのように整理すればよいのか、そして、整理した結果をもとに、何をどのように答えればよいのか、ということを判断する力を高めるための指導について、もっと考えていく必要があると言える。

　説明することに関して言うと、授業の中で行われるやりとりでは、お互いに同じものを見ながら説明をすることが多いために、主語を省略したり、「右の方が…」とか「ここが…」と指差したりしながら説明しても伝わることが多い。けれども、第三者に伝えたり、記述して残したりする時には、根拠を明らかにして、必要な言葉や式、数値などを適切に用いながら説明していくことが求められる。教師はその部分を指摘し、補いながら、正確に伝えるための説明の仕方を獲得させるようにしていくことも意識していかなければならない。

　以上のような考えのもとに、次のような授業を行うことにした。

2．4年「資料の整理」の授業

（1）1試合分の結果を抜いて提示する

　問題を次のように板書する。

> 　4つのチームA、B、C、Dで、ドッジボールの総当たり戦をしました。優勝は、どのチームでしょうか。

　「総当たり戦」とは、「自分以外の全てのチームと対戦する」ことであることを子どもの言葉で確認した後、試合結果を書いたカードを黒板にばらばらに貼っていく。

　子どもたちは、「優勝チームはどこだろう」という目でこの結果を眺めるが、そのうちに、「C対D」

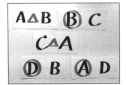

の結果のカードがないことに気づく子が出る。誰かが「足りない」、「まだ決められない」と言い始めると、「Ｃ対Ｄ以外にもある」と言う子まで出てくる。そこで、調べてみることにする。

（2）試合の結果を整理する

　一人の子が前に出てきて、まずは、Ａの試合のカードだけを取り上げて並べていった。「Ｃ対Ａは、Ａ対Ｄと同じことだから…」と言いながら。

　同じようにして、Ｂ、Ｃ、Ｄそれぞれのチームが「自分以外の全てのチームと対戦」しているかどうかを調べていく。すると、それぞれ３試合ずつあるはずなのに、「Ｃ対Ｄ」の組み合わせだけが足りないことがわかる。

　内容的には６年生の「組み合わせ」の問題に似ているが、「全部で何試合あるか」を求めているのではない。ただ単に１チームずつ全てのチームと対戦しているかどうかを調べているだけだ。ここでは、それで十分である。

　教科書で扱われている問題と比べても、「けがの種類と場所」について調べる時に、最初に「切り傷」「擦り傷」「打撲」…というように、どちらか一方に着目して並べ替えるのと、整理の仕方はそれほど変わらない。だから、４年生でも十分できる活動と言える。

（3）整理した結果を読み取る

　カードを並べ替えているのを見ながら、表にまとめていた子も何人かいる。そのうちの一人を指名し、黒板に書いてもらうことにする。

　ここで、最初の問題をもう一度見直す。問題は、「優勝は、どのチームでしょうか」である。このことを問うと、「まだ、わからない」、「Ｃ対Ｄの結果がわかれば、優勝チームが決められる」といった反応が

返ってくる。

そして、もう一つ話題になったことは、「どのようにして順位を決めるか」である。サッカーのリーグ戦に詳しい子が、「勝ち点で決めればよい」と提案する。ちょうどうまい具合に、子どもから「勝ち点」という言葉が出てきたので、こちらから「勝ち点」の意味と、点数配分の仕方を示すことにする。

> 勝ち点で順位を決めます。（勝ち…3点、引き分け…1点、負け…0点）

早速、勝ち点の計算を始める子がいる。その子から、「C対Dで、Dが勝てばDの優勝」という声が聞こえてくる。これをとらえて、「Dチームが優勝する可能性はあるのかな？」と板書する。そして、全員に表を完成させ、結果を確認させた。

C対Dの試合をする前の点数を表に表すと右のようになる。

そして、この後のC対Dの対戦成績によって、点数と順位は次のようになる。

　　Dが勝った場合→Dの優勝

　　　（A：5点、B：4点、

　　　C：1点、D：6点）

　　CとDが引き分けた場合

　　　　→Dは準優勝

　　　（A：5点、B：4点、C：2点、D：4点）

　　Dが負けた場合→Dは最下位

　　　（A：5点、B：4点、C：4点、D：3点）

・	勝ち	引分け	負け	勝ち点
A	1	2	0	5
B	1	1	1	4
C	0	1	1	1
D	1	0	1	3

式 $3 + 1 + 1 = 5$
$3 \times 1 + 1 \times 2 = 5$
（3点が1回）（1点が2回）

> 点数の求め方も確認し、式に表しておく。

このような活動を通して、ばらばらに示された情報も、表に整理したり、点数化したりすることによって、分析しやすくなることを感得させることができた。また、「Dが勝ちの場合、引き分けの場合、…」のように、場合分けして説明する場をつくることもできた。

③ 授業の**実際**

① **単元名** 　面積

格子点をつないでできる正方形の大きさ比べ

② **活動** ～単位となる正方形の「いくつ分」で面積を表す～

10のポイント⑤　「量の大きさを表す」の実践から」

③ **本題材について**

◇格子点をつないだ形の広さを比べる活動

　広さを比べる方法として、「重ねて比べる」「任意単位の個数で比べる」など、いろいろなアイディアがある。子どもから出されるこれらの考えを生かしながら、最後は1㎠の正方形の個数で数値化するのがこの単元の中心となる。

　ただ、単位面積の形を正方形にすることは、それほど必然性があるというものでもない。

　例えば、周りの長さが等しい正三角形と正六角形の広さを比べる場合を考えてみるとよい。右図のように分割すると、単位面積となる形が正三角形の方が広さを比べやすいということになる。

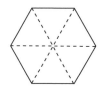

　本授業では、格子点をつないでできる形の広さ比べを行うが、この場合、単位量とする正方形が見えやすくなり、その個数で広さを比べようとするアイディアが子どもから自然に出てくることが期待できる。

　また、右ページの図のエやオのような形を扱うことで、直角三角形の形に切って移動させて長方形をつくる活動を経験させることもできる。

　そこで、この題材を本単元の導入で扱う場合の事例を2つ紹介してみたい。

事例1 16個の格子点をつないでできる正方形と長方形の面積を考える

（1）9種類の形の広さ比べ

　格子点をつないでできる形は様々あるが、単位正方形が見えやすくするために、正方形や長方形の広さを比べる場面を設定する。

　ここで考えなければならないのが、どのような種類と大きさのものを比べさせるかということである。

　ここでは、縦横4個ずつ並ぶ16個の格子点をつないでできる正方形と長方形（右のア～ケ、全9種類）を提示することにする。

　もし、縦横3個ずつの格子点の中につくると、ア、イ、エ、カの4種類しかできない。これでは、直接比較で解決してしまうことになる。縦

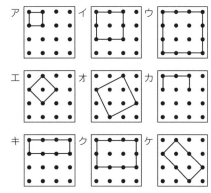

3個、横4個も考えられるが、オやケのような形も扱うことで等積変形の理解が深まると考え、縦横4個ずつの格子点をベースにすることにした。

　ここには、イとキのように「周りの長さが同じで面積が違うもの」や、エとカ、イとケのように「形や周りの長さは違うが、面積が等しいもの」が含まれている。これらを扱うことにより、「広さは、周りの長さに依存しない」ということに触れることもできる。

（2）広さ比べの多様性

　「ア～ケの形を小さい方から順に並べてみよう」という課題を投げかけると、子どもたちは様々な方法で比べ始める。見ただけでその大小が比較できるものもあるが、次のような比べ方をすることが予想される。

①重ねて比べる（直接比較）

②マスの数（アのいくつ分）で比べる（共通単位による比較→普遍単位）

②′一部分を切って移動させ、同じ形にしたり、マスの数が数えやすい形に
したりする（等積変形）

　エの面積を求める場合、等積変形以外にも、子どもは様々な方法で、アの
２つ分であることを説明する。

　例えば、イの形と重ねて、「イの半分だから、4÷2＝2」
と説明できる。あるいは、「イから0.5個分の直角二等辺
三角形を4隅から取った形がエだから、4−0.5×4＝2」
と考える子もいる。

　また、エの形の真ん中にアの形を入れ
て、残りの部分（右図の影の部分）を合
わせるともう1つアの形ができることか

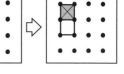

ら、「アの2つ分」という説明をする子もいる。

（3）発展的に考える

　点と点の間隔を1cmとすると、それぞれの面積は次のようになる。

ア＝1cm²、エ＝カ＝2cm²、キ＝3cm²、イ＝ケ＝4cm²、オ＝5cm²、ク＝6cm²、
ウ＝9cm²、

　このように、小さい順に並べてみると、7cm²と8cm²の形が無いことに気づ
く。ここで、「格子点がもうひと回り大きければ・・・」と考えてみたらどう
だろう。つまり、縦横5個ずつの点にして考えてみるのである。そうすると、
8cm²の長方形をつくることができる。さらに、8cm²や10cm²の正方形ができる
ことに気づく子もいる。

　このように、自分で対象
を広げていこうとする態度
を育てるための、発展性が
ある教材である。

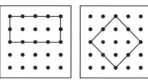

〔8cm²の長方形と正方形〕

〔10cm²の正方形〕

事例2 ４つの格子点を通る形

（1）13 種類の形の広さ比べ

「面積」の導入で、次の問題を扱ったこともある。

> 　９つ（３×３）の格子点のうち、４つの点を通る形をつくります。同じ広さの形はありますか。

縦横３個ずつ並ぶ９つの格子点のうち、４つの点を通る形は、次の13種類。

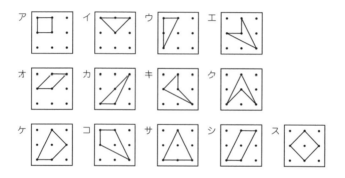

　これらを、同じ広さの形に分けると、（点と点の間隔を１cmとすると、１cm²の形（ア～ク）と、２cm²の形（ケ～ス）の）２種類に分けられる。

（2）「同じ広さ」を見つける

　授業の前半では、「同じ広さ」のものを見つける活動を行う。

　「面積」の導入場面なので、まだ単位面積の個数で広さを比べることは学習していない。けれども、格子点を手掛かりにして、アの正方形のいくつ分で比べればよいことに子どもたちが気づいていくことは予想できる。

　授業では、前時に子どもたちがつくったこれらの形を一度に提示するのではなく、１つずつ見せていき、同じ広さのものがあったら、挙手させるようにする。

　まず初めに、封筒からアの形を取り出して黒板に貼る。そして、２番目に、イの形を見せる。すると、子どもたちは、すぐにアとイが同じ広さであるこ

とを見抜く。

　その理由を次のように説明する。

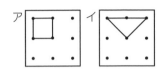

「イを半分に折り、折り目で切って移動させて
糊で貼るとアができる。だから、同じ広さだ」

「アもイも（格子点をつないでできる）周りの正方形の$\frac{1}{4}$でしょ。だから、同じ広さと言える」

（3）「○つ分」という表現を引き出す

　続いて封筒から取り出した形はケ。子どもたちは、「ケは、イを２つくっつけた形。だから、ケは、アの２つ分」と説明する。

　この後、残りの形についても調べ、「アの１つ分」、「アの２つ分」、「それ以外」のどれに当てはまるかを判断させていく。

　類した後、全体を眺めてみると、「点の数」に着目して「アの２つ分の形の内側には点があって、１つ分の形には点がない」ということに気づく子も出てくる。

　格子点を使った授業例を２つ紹介させていただいた。このような活動を通して、次のような見方・考え方を育てたい。

内側に点がない　　点がある

○量は、単位となる大きさのいくつ分で表すことで数値化し、その大きさを
　比較することができる。

○切って移動させてできた形は、同じ面積と言える。１つの形の中に別の形
　を見いだすことによって、面積が求められる形に変えるとよい。

　このような見方・考え方が、長方形を組み合わせた複合図形や、５年で学習する平行四辺形や三角形などの学習に生きてくる。

4 授業の解説

（1）問題を把握する

　本時の授業では、横4個ずつ1cm間隔に並んだ格子点をつないで、正方形をつくる活動を行う。この点をつないでできる正方形は、全部で次の5種類ある。

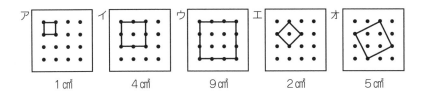

ア	イ	ウ	エ	オ
1cm²	4cm²	9cm²	2cm²	5cm²

　ア〜オの正方形を小さい順に並べ、それぞれの面積を求めさせることにする。このことを問題文にするならば、次のようなものになる。

　16個の格子点をつないで正方形をつくります。
　①左の点をつないで、正方形をつくりましょう。
　②できた正方形を、小さい順に並べましょう。
（＊点と点の間隔は1cm）

　しかし、これを子どもたちにそのまま提示しても、子どもたちの多くは文意を読み取れず、何をすればよいのかを把握することができないと思われる。また、問題の意味がわかったとしても、「いろいろな正方形を見つけてみたい」「正方形は何種類あるのだろう？」「正方形の面積は？」というような「考えたい」「はっきりさせたい」という気持ちを持たないままに問題を押し付けられても、それは主体的な活動にはならない。

　そこで、まずは「格子点」という言葉を使って、点の個数や並び方を確認していく。その後、「点と点を直線でつないで正方形をつくる」ことを伝えた。

　ここで全員起立させ、一人ひとりに「どのように点をつなげばよいか」を決めさせる。すると、「正方形は1つだけではない」「いろいろな正方形ができる」と言うので、その言葉をとらえて、「正方形は何種類できるでしょ

うか」という問題を示す。

　さらに、「正方形は何個できるでしょうか」ではなく「何種類できるでしょうか」とたずねていることに気づいた子から、「同じ面積だったら数えちゃいけないんですか？」という質問が出された。予想どおりである。そこで、「同じ大きさの正方形は１種類と数える」ことを確認し、これから考えることをはっきりさせる。

　このように、一人ひとりに正方形を１つ決めさせて立場を持たせたり、できる正方形は何種類かあることに気づかせたりしながら、だんだんとこの問題に関わりたくなる場をつくるようにする。それが主体的な学びにつながると考える。

（２）理由を説明する

　最初に指名した子が、オの形をかいた。はじめからこの形が出てくるとは思っていなかったので、対応に困ってしまったのだが、エやオの形が本当に「正方形」と言えるのかどうかを確認する必要がある。

　正方形であることを説明するには、４つの角が直角で、辺の長さが全て等しいということを言わなければならない。また、面積を求めるためには、等積変形をして、１㎠の正方形のいくつ分であるかを説明しなければならない。このときに、図形や面積に関する既習事項を振り返り、それらを上手に組み合わせて、自分の考えを聞き手に伝える必要が出てくる。このような一連の活動を通して、面積についての理解を深めるとともに、図形の観方を広げることができると考える。

　ここで、「図形の観方を広げる」とは次のようなことを指す。

○正方形の定義を見直す。傾けた場合も正方形と見なすことができる。

○正方形の中に、直角三角形等を見る。直角三角形を組み合わせて長方形をつくる。

○直角を感覚的にとらえる。直角三角形の直角以外の角を組み合わせると直角になることに気づく。

　なお、エやオの正方形を見つけられない子もいるので、その場合は、見つ

けた子に「辺を１本だけかいて見せて」とお願いする。その１本によって、正方形を傾けた形に気づく子が増えてくる。このように、自分で見つけられるようにするための手立てを、教師は考えておく必要がある。

（３）面積を考える

本授業は、面積について学習した後に行ったものなので、すでに子どもたちは正方形の面積の公式を知っている。しかし、公式を使えるだけでは不十分で、（一辺）×（一辺）で求められる数値は、「１㎠の正方形のいくつ分」を表していることも説明できなければならない。

エやオの面積についても、「１㎠の正方形のいくつ分か」と考えていくことになるので、イやウの面積を確認するときに、「アの正方形の４個分だから」のような説明を引き出し、板書にも残しておくことが必要なのである。

エやオの面積について考えるときには、１㎠の正方形の数が数えられる形に変えてみる（対象に働きかける）必要が生じてくる。その時に、自分がしたこととその結果について、子ども同士がお互いに伝え合うことを通して、新しい見方や考え方に気づきながら、正方形の見方が豊かになり、面積についての理解が深まっていくことを期待している。

（４）子どもが発展させる

子どもに配ったプリントは、右のようなもの。「格子点がもう一回り外側にあって、点の数が25個だったら、8㎠や10㎠の正方形もできるよ」という発想が子どもから出てくることも期待して、枠の外側にも点を並べてみた。

本授業では、そのような発想は出てこなかったが、子どもが発展させて考えてみたくなるようなしかけをして、その反応も楽しみたい。

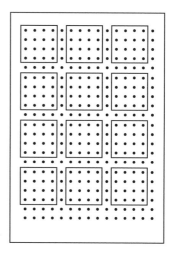

白石 範孝 （明星大学教育学部常勤教授）

1955 年、鹿児島県生まれ。東京都の公立小学校教諭を経て、1990 年より筑波大学附属小学校教諭、2016 年 3 月に退職。「「考える」国語研究会」「使える授業ベーシック研究会」等に所属。学校図書教科書「みんなと学ぶ　小学校国語」編集委員。

主な著書
- 『小学校国語授業でもできる問題解決学習実践モデル』（学事出版）2015
- 『白石範孝の国語授業　おさえておきたい指導の要点＆技術 50』（明治図書）2014
- 『国語授業を変える「用語」』（文溪堂）2013
- 『国語授業を変える「漢字指導」』（文溪堂）2014
- 『白石範孝の国語授業の教科書』（東洋館出版）2013

佐々木 昭弘 （筑波大学附属小学校教諭）

1960 年、福島県生まれ。福島県の公立小学校教諭を経て、2004 年より筑波大学附属小学校教諭、現在に至る。「日本初等理科教育研究会」「使える授業ベーシック研究会」「理数授業研究会」等に所属。学校図書教科書「みんなと学ぶ小学校理科」「みんなと学ぶ小学校生活」編集委員。

主な著書
- 『「資質・能力」を育成する理科授業モデル』（編著・学事出版）2017
- 『小学校理科授業の基礎技術 Q&A』（編著・東洋館出版）2014
- 『〜白石式〜理科説明文の指導』（編著・明治図書）2013
- 『図解　必ずうまくいく理科の観察・実験　小学 3・4 年』（学事出版）2012
- 『図解　必ずうまくいく理科の観察・実験　小学 5・6 年』（学事出版）2012
- 『「おもしろ観察・実験」で理科好きパワー』（学事出版）2006

夏坂 哲志 （筑波大学附属小学校教諭）

1964 年、青森県生まれ。青森県の公立小学校教諭を経て、1992 年より筑波大学附属小学校教諭、現在に至る。「全国算数授業研究会」「日本数学教育学会」「算数授業 ICT 研究会」「理数授業研究会」等に所属。学校図書教科書「みんなと学ぶ　小学校算数」編集委員。

主な著書
- 『協働的な学びをつくる』（「算数授業研究」特別号／東洋館出版）2016
- 『夏坂哲志のつながりを意識してつくる算数の授業』（「算数授業研究」特別号／東洋館出版社）2013
- 『パターンブロックで「わかる」「楽しい」算数の授業　上学年』（共著・東洋館出版社）2012
- 『夏坂哲志の算数授業のつくり方』（東洋館出版社）2012
- 『板書で輝く算数授業　教師の表現力を育てよう！』（文溪堂）2012

レベルアップ 授業力
国語／理科・生活／算数
アクティブ・ラーニングのための
表現力育成10のポイント
中学年編

平成 29 年 7 月 28 日　初版 1 刷発行

著　者　白石 範孝　佐々木 昭弘　夏坂 哲志
発行者　中嶋 則雄
発行所　学校図書株式会社
〒 114-0001 東京都北区東十条 3-10-36
電話　(03)5843-9432
FAX　(03)5843-9438
URL　http://www.gakuto.co.jp
装丁　大久保 浩＋ OHKUBO FACTORY